El problema del
cambio y la ruptura
de lo convencional

RUINA
O
AVIVAMIENTO

Editado y compilado por Gerald B. Smith

A. W. Tozer

**CASA
CREACIÓN**
Para vivir la Palabra

Para vivir la Palabra

MANTÉNGANSE ALERTA;
PERMANEZCAN FIRMES EN LA FE;
SEAN VALIENTES Y FUERTES.
—1 CORINTIOS 16:13 (NVI)

Ruina o avivamiento por A. W. Tozer
Publicado por Casa Creación
Miami, Florida
www.casacreacion.com
©2023 Derechos reservados

ISBN: 978-1-960436-02-3
E-book ISBN: 978-1-960436-03-0

Desarrollo editorial: *Grupo Nivel Uno, Inc.*
Diseño interior: *Grupo Nivel Uno, Inc.*

Publicado originalmente en inglés bajo el título:
    Rut, Rot, or Revival
    © 2019 por The Moody Institute of Chicago
    820 N. LaSalle Blvd., Chicago, IL 60610.
    Traducido e impreso con autorización.

Impreso en Colombia

23 24 25 26 LBS 9 8 7 6 5 4 3 2 1

CONTENIDO

Este libro marca el surgimiento de un nuevo género de material Tozer. El compilador James Snyder ha preparado un texto que es lo más parecido posible a lo que hablaba Aiden Wilson. El ministerio verbal de Tozer. Esta es la "plataforma Tozer". Esto es "Toronto Tozer". El propio Tozer era un artífice cuidadoso de las palabras que no se permitía las libertades impresas que se tomaba como algo natural al hablar en público. Para los puristas de Tozer, este texto —algunas veces— será doloroso.

La decisión nuestra ha sido la siguiente: ¿Limitamos la influencia de Tozer solo a la circulación de sus mensajes grabados? ¿O permitimos que el vasto tesoro del Tozer conferenciante sea ampliamente difundido? Nuestra decisión ha sido dejar que Tozer hable otra vez, en forma impresa, como siempre lo hizo, con buen humor, con sentido común santificado y con esos estallidos de perspicacia profética que hemos llegado a valorar tanto.

PRÓLOGO

Conocí a Aiden Wilson Tozer cuando yo trabajaba con la organización internacional "Juventud para Cristo", a mediados del siglo pasado. A sugerencia mía, Ted Engstrom lo invitó a participar en nuestra convención de mediados de invierno en Chicago, muy conscientes de que el Dr. Tozer no aprobaba totalmente lo que estábamos haciendo. Pero sabíamos que era un hombre cristiano con algo de vital importancia que decir a todo el pueblo de Dios y queríamos escucharlo.

Pues aceptó la invitación y acudió al evento (demasiado abrigado), "clavó sus 95 tesis en la puerta" y nos declaró la Palabra del Señor. Algunos de nosotros nos sentimos como si nos hubieran hecho una radiografía. (Aunque no teníamos rayos láser ni escáneres electrónicos en esos tiempos). Pero Dios hizo algo nuevo y emocionante en nuestros corazones; por lo que ahora, al recordar, nos percatamos de que su ministerio impulsó un punto de inflexión para nuestras vidas.

El ministerio del Dr. Tozer no necesita respaldo ni promoción de mi parte, pero me complace recomendarlo al pueblo de Dios. Su ministerio fue ungido por Dios y su luz seguirá brillando mientras haya creyentes cansados de la monotonía, el estancamiento y la decadencia, que es el tema de esta colección de mensajes.

Si cada pastor y cada miembro de iglesia leyeran y aplicaran los mensajes de este libro, tendríamos el avivamiento por el cual oró con tanto fervor el Dr. Tozer y por el cual muchos de nosotros estamos clamando hoy. Confieso que algunas de las cosas de esta obra me hirieron profundamente, pero fue el tipo de herida que trae curación; por lo que doy gracias a Dios por ello.

—Warren W. Wiersbe

CAPÍTULO 1

EL MAYOR ENEMIGO DEL CRISTIANO

Moisés comenzó a explicar esta ley cuando todavía estaban los israelitas en el país de Moab, al este del Jordán. Les dijo: "Cuando estábamos en Horeb, el Señor nuestro Dios nos ordenó: 'Ustedes han permanecido ya demasiado tiempo en este monte. Pónganse en marcha y diríjanse a la región montañosa de los amorreos y a todas las zonas vecinas: el Arabá, las montañas, las llanuras occidentales, el Néguev y la costa, hasta la tierra de los cananeos, el Líbano y el gran río, el Éufrates. Yo les he entregado esta tierra; ¡adelante, tomen posesión de ella!' El Señor juró que se la daría a los antepasados de ustedes, es decir, a Abraham, Isaac y Jacob, y a sus descendientes".

—Deuteronomio 1:5-8

En el Antiguo Testamento, el enemigo que más amenazaba al pueblo hebreo era la dictadura de la costumbre. Israel se acostumbró a andar en círculos, por lo que estaba felizmente contento de permanecer en la seguridad de la montaña. Dicho de otro modo, imperaba la psicología de lo habitual. Hasta que al fin, Dios rompió la rutina en la que se encontraban y les dijo: "Ustedes han permanecido ya demasiado tiempo en este monte. Pónganse en marcha y diríjanse a la región montañosa de los amorreos y a todas las zonas vecinas" (1:6-7).

Para poner la experiencia de Israel en perspectiva en beneficio nuestro, debemos ver que la montaña representa una experiencia o una situación espiritual. El problema de Israel era que habían perdido la esperanza de obtener la tierra que Dios les había prometido. Se habían conformado con dar vueltas y acampar en lugares agradables y cómodos. Habían caído bajo el hechizo de la psicología de la rutina. Eso los mantuvo donde estaban y les impidió obtener las riquezas que Dios les había prometido.

Si sus enemigos —los edomitas— los hubieran perseguido, los israelitas habrían luchado hasta que quedara el último hombre y probablemente habrían vencido a los edomitas: Israel habría progresado. Pero en vez de eso, se quedaron esperando de brazos cruzados, mientras lo habitual seguía conformando su rutina.

Eso fue lo que pasó con el pueblo hebreo, pero entonces ¿cuál es el peor enemigo que enfrenta la iglesia de hoy? Aquí es donde surge mucha falta de realismo e hipocresía inconsciente. Muchos están dispuestos a decir: "Los liberales mal llamados progresistas son nuestro peor enemigo". Sin embargo, la realidad es que la iglesia evangélica promedio no tiene demasiados problemas con el liberalismo. Nadie se levanta en nuestras iglesias y afirma que los primeros cinco libros de Moisés son solo mitos. Nadie dice que la historia de la creación es simplemente mitología religiosa. Nadie niega que Cristo caminó sobre el agua o que se levantó de la tumba. Nadie se levanta en nuestras iglesias y afirma que Jesucristo no es el Hijo de Dios o que él no va a regresar. Nadie niega la validez de las Escrituras. Simplemente no podemos escondernos detrás del liberalismo y decir que es nuestro peor enemigo. Creemos que los cristianos evangélicos estamos tratando de aferrarnos a la verdad que nos ha sido dada, la fe de nuestros padres, por lo que los liberales no son nuestro peor enemigo.

Tampoco tenemos problema con el gobierno. La gente en nuestro país puede hacer lo que le plazca y el gobierno no le presta atención. Podemos celebrar reuniones de oración toda la noche si queremos y el gobierno nunca nos molestará ni nos cuestionará. No hay policía secreta respirándonos en la espalda observando cada uno de nuestros movimientos. Vivimos en una tierra libre y debemos agradecer a Dios todos los días por ese privilegio.

La dictadura de la rutina

El gran enemigo, por demás traicionero, que enfrenta la iglesia de Jesucristo hoy es la dictadura de la rutina cuando esta se convierte en la "señora" que rige la vida de la iglesia. La rutina organiza los programas eclesiales, la liturgia y la adoración, de manera que las condiciones imperantes se aceptan con cierta normalidad. Cuando eso pasa, cualquiera puede predecir el servicio del próximo domingo, las actividades que se realizan y —prácticamente— todo lo que sucederá. Esta parece ser la amenaza más letal en la iglesia de hoy. Cuando llegamos al punto en que todo se puede predecir y nadie espera nada inusitado por parte de Dios, es que estamos en medio de la rutina. Esta impera y dicta los acontecimientos, por lo que podemos decir no solo lo que pasará el próximo domingo, sino lo que ocurrirá el próximo mes y, si las cosas no mejoran, lo que pasará el próximo año. Es así que llegamos al punto en el que el pasado determina el presente y el presente determina el futuro.

Eso estaría perfectamente bien y sería apropiado para un cementerio. Nadie espera que un cementerio haga otra cosa que conformarse a lo que es. Los mayores conformistas del mundo actual son los que duermen en los cementerios de las comunidades. No molestan a nadie. Simplemente yacen allí y está perfectamente bien que lo hagan. Se puede predecir lo que todos harán en un cementerio, desde el difunto hasta las personas que asistirán a un funeral. Todo el mundo y todo en un cementerio ha aceptado la rutina. Nadie espera nada de los que yacen enterrados en el camposanto. Pero la iglesia no es un cementerio, por lo que debemos esperar mucho de ella, puesto que lo que ha ocurrido no debería tener el poder de dictarnos lo que es, y lo que existe no debería tener el control para determinar lo que será. Por tanto, el pueblo de Dios está destinado a crecer.

Mientras haya crecimiento, existe un aire de imprevisibilidad. Ciertamente no podemos predecir con exactitud, pero en muchas iglesias casi es posible hacerlo de manera precisa. Todo el mundo sabe exactamente lo que sucederá, lo cual —insisto— se ha convertido en nuestro enemigo más letal. Culpamos al diablo, a los "últimos días" y a cualquier otra cosa que se nos ocurra, pero el mayor enemigo no está muy lejos de nosotros. Está dentro, es un enemigo que a veces asume una pasiva actitud de aceptar las cosas como vengan. Creemos que lo que siempre ha sido de una forma debe determinar lo que siempre será, por lo que no crecemos en expectativas.

Las etapas progresivas

Tan pronto como alguien comienza a hablar de esto, el pueblo del Señor responde poniéndose a trabajar. De lo que estoy hablando, sin embargo, es interno. Es un asunto del alma y la mente lo que finalmente determina nuestra conducta. Permíteme que te muestre las etapas progresivas. Comienzo con lo que llamaré la *rutina*. Rutina es repetición vana, sin sentimiento. Si algún día alguien leyera las Escrituras y creyera lo que dicen, si cantara consciente de lo que entona a través de los grandes himnos cristianos, se suscitaría una bendita revolución espiritual en poco tiempo. Pero demasiados cristianos están atrapados en la rutina, repitiendo todo de manera automática, sin propósito, sin asombro y sin sorpresas ni expectativas felices. En nuestros servicios, Dios no puede entrar porque ya programamos lo que se va a hacer y tenemos todo arreglado automáticamente para él. Así que le decimos: "Señor, vamos a hacerlo de esta manera. Ahora, por favor, bendice nuestros planes". Lo invocamos sin sentir su presencia, repetimos las cosas de modo automático, sin sentido, cantamos en forma monótona y escuchamos sin expectativas. Eso es lo que describo como *rutina*.

Damos un paso más y llegamos a un punto en que nos convertimos en esclavos de la rutina. Estamos en esta situación en que somos incapaces de ver y sentir la esclavitud que nos causa la rutina, ya que esta nos ciega. Por ejemplo, un hombre puede estar enfermo y ni siquiera saberlo. Es posible que los médicos confíen en la esposa del hombre y le digan: "No queremos asustar a su esposo, pero podría caerse en cualquier momento. Está gravemente enfermo, así que espere eso en cualquier instancia". Pero el propio hombre no sabe que está gravemente enfermo. Se ocupa de sus asuntos como si no pasara nada.

Puede que juegue al béisbol o al futbol, tal vez incluso se vaya de cacería. Está enfermo y, sin embargo, no sabe lo mal que está realmente. De hecho, eso puede acelerar su fin. No saber es un asunto arriesgado y lleno de peligros. Hablando en términos espirituales, la rutina es la atadura a la costumbre, y el mayor peligro radica en nuestra incapacidad para percibir o sentir esa atadura.

Hay una tercera palabra que —en lo particular— no me gusta usar, pero la historia de la iglesia está llena de ella. Esa palabra es corrupción o podredumbre. La iglesia está afectada por la podredumbre. Esto se explica mejor cuando la psicología de la no expectativa se encarga de los participantes de la iglesia y se establece la rigidez espiritual, que es una incapacidad para visualizar algo mejor, una falta de deseo de mejorar. Hay muchos que responden argumentando: "Conozco muchas iglesias evangélicas a las que les gustaría crecer, por lo que hacen todo lo posible para atraer a las multitudes. Desean crecer y establecen concursos para que asista más gente a sus actividades". Eso es cierto, pero están tratando de que la gente venga solo para compartir su rutina. Quieren que la gente los ayude a celebrar esa rutina hasta que finalmente se unan a la corrupción o podredumbre. Debido a que al Espíritu Santo no se le da la oportunidad de operar en nuestros servicios, nadie se arrepiente de sus pecados, nadie busca a Dios, nadie pasa un día esperando en silencio en Dios con la Biblia abierta intentando enmendar sus caminos. Nadie está haciendo eso, solo queremos más personas, más números. Pero ¿más gente para qué? ¿Más gente que venga y repita nuestros servicios muertos sin sentimiento, aburridos, sin asombro, sin sorpresa? ¿Más gente para que nos acompañe en la esclavitud de las glorias pasadas? En la mayoría de los casos, aquellos que son espiritualmente rígidos y no pueden ser flexibles carecen de la fuerza necesaria para reconocer su propia debilidad.

¿Qué es la iglesia?

Aclaremos qué es la iglesia. Cuando digo que una iglesia cae en la rutina y luego en la corrupción, ¿de qué estoy hablando? Por un lado, cuando hablo de la iglesia no es al edificio a lo que me refiero. La iglesia es la asamblea de individuos. Hay mucho diálogo insensato en estos días sobre ese tema. No tiene sentido porque los que participan en ese diálogo olvidan que la iglesia no existe separada de ellos. La iglesia no es una entidad en sí misma, pero está compuesta de personas individuales. Es el mismo error que se comete con el estado. Los políticos a veces hablan del estado como si fuera una entidad en sí mismo. Los trabajadores sociales hablan de sociedad, pero la sociedad es el conjunto de las personas. Así es la iglesia. Está formada por individuos reales. Cuando estos elementos se juntan tenemos la iglesia. Cualesquiera que sean las personas que la conforman, esa es la clase de iglesia que es: ni peor ni mejor, ni más sabia, ni más santa, ni más ardiente ni más adoradora. De forma que para mejorar o cambiar la iglesia, hay que comenzar con los individuos.

Si las personas en la iglesia solo señalan a otros para que mejoren y no a ellos mismos, esa es una evidencia segura de que la iglesia está corrupta por completo. Ello es prueba de tres pecados: el pecado de la justicia propia, el pecado del juicio y el pecado de la complacencia.

Cuando nuestro Señor dijo: "Les aseguro que uno de ustedes me va a traicionar" (Mateo 26:21), gracias a Dios que esos discípulos eran tan espirituales que nadie dijo: "Señor,

¿es él?". Al contrario, cada uno de ellos dijo: "¿Acaso seré yo, Señor?" (26:22). Si no hubieran respondido así, no podría haber habido un Pentecostés. Pero debido a que fueron lo suficientemente humildes como para señalarse a sí mismos antes que a otros, el Espíritu Santo cayó sobre ellos. La justicia propia es terrible entre el pueblo de Dios. Si sentimos que somos lo que debemos ser, seguiremos siendo lo que somos. No buscaremos ningún cambio ni mejora alguna en nuestras vidas. Eso nos llevará, naturalmente, a juzgar a todos por lo que somos. Ese es el juicio del que debemos cuidarnos. Juzgar a los demás por nosotros mismos contribuye a crear estragos en la asamblea local.

La autosuficiencia también conduce a la complacencia. Esta es un gran pecado y cubre casi todo lo que he dicho sobre la rutina y la corrupción. Algunos asumen la actitud siguiente: "Señor, estoy satisfecho con mi condición espiritual. Espero que uno de estos días vengas, que me lleves a recibirte en el aire para que gobierne a cinco ciudades". Esas personas no pueden gobernar ni sus propias casas ni sus familias, pero esperan gobernar a cinco ciudades. Oran de manera irregular y escasa, rara vez asisten a las reuniones de oración, pero leen sus Biblias y esperan irse volando hacia el cielo azul y unirse al Señor en el triunfo de los santos victoriosos.

Eso es, simplemente, autoengaño

Me pregunto si no nos estamos engañando a nosotros mismos. Si acaso mucho de esto es simplemente autoengaño. Escucho la voz de Jesús que nos dice: "Han permanecido bastante tiempo donde están. Desmonten el campamento y avancen hacia la región montañosa". Esta sería una nueva experiencia espiritual que Dios tiene para nosotros. Todo lo que Jesucristo hizo por nosotros lo podemos tener en esta era. Una vida victoriosa, una vida gozosa, una vida santa, una vida fructífera, un conocimiento maravilloso y deslumbrante del Dios Trino: todo eso es nuestro. El poder que nunca antes conocimos, las respuestas insospechadas a la oración, todo eso es nuestro. "Yo les he entregado esta tierra; ¡adelante, tomen posesión de ella!" (Deuteronomio 1:8). El Señor se lo dio en un pacto. Tómelo, es suyo. Se lo dio a Abraham, Isaac, Jacob y después a toda su descendencia. Jesús oró:

> "No ruego solo por estos. Ruego también por los que han de creer en mí por el mensaje de ellos".
>
> —Juan 17:20

Eso abarca a todos los que pertenecen a la iglesia de Jesucristo.

Si afirmamos que él es nuestro Señor, ¡cómo nos atrevemos a seguir en medio de la rutina! El Señor nos ha llamado a seguir adelante. Pero cuando la gente está estancada en la rutina, ni siquiera el ángel Gabriel puede ayudarla si no quieren salir de esa situación. Esto no es una acusación, es una sugerencia. Si usted no es esclavo de la rutina, no se enoje, alguien más lo es. Pero si *está* estancado en la rutina, debe salir de ella.

La diferencia entre una pata de palo y una pierna natural es que si le pincha la pata de palo de una persona, esta nunca se daría cuenta. La diferencia entre una iglesia que es corrupta y una iglesia que está viva es que si alguien pincha a esta última, responderá. Si pincha a la corrupta, no pasa nada porque ya está muerta. El árbol que se mantiene vivo tiene hojas verdes y exuberantes. Agarra un cuchillo, hurga profundamente la corteza y el árbol sangrará. Está vivo. Pero el árbol muerto se queda ahí, como una torre de vigilancia para los viejos cuervos centinelas. Puedes hurgar ese árbol lo más profundo que quieras, pero no pasará nada porque está muerto.

Es lo mismo que sucede con este mensaje. Si no te enojas ni te alegras ni te entristeces con mi predicación, sé que no se puede hacer nada. Pero hay algunos que están vivos y creo que son la mayoría.

CAPÍTULO 2

ERRORES DE CÁLCULO

Dios, en su condescendiente amor y abundante bondad, a menudo envía un Moisés, un Josué, hasta un Isaías o —como hace pocos siglos atrás— un Lutero o un Wesley para mostrarnos la inoperancia de su obra en la tierra, el nulo progreso que la caracteriza, el estancamiento en el que vive al ritmo del mundo. Los tiempos son malos en el reino y cada vez empeoran más. Tendemos a estancarnos, a adaptarnos a la rutina, pero debemos salir de eso. Ha llegado el momento de levantarse y seguir adelante porque la voluntad de Dios es que hagamos la tarea que nos encomendó en este mundo. Una labor más grande que abarca mucho más que lo que les dijo a los israelitas: "Pónganse en marcha y diríjanse a la región montañosa de los amorreos y a todas las zonas vecinas: el Arabá, las montañas, las llanuras occidentales, el Néguev y la costa, hasta la tierra de los cananeos, el Líbano y el gran río, el Éufrates" (Deuteronomio 1:7).

Cuando Dios envía a un evangelista a decirle algo como eso a una congregación y esta se prepara a medias para escucharlo, los creyentes se dicen entre sí: "Creo que el predicador tiene razón en eso que afirma. Estamos estancados, vivimos una monótona rutina, ¿qué te parece? De nada sirve luchar contra eso. Creo que es inútil hacer algo al respecto". Entonces, el 99.99 por ciento de las veces, el remedio prescrito será: "Reunámonos a ver qué hacemos. Estamos conscientes de que caímos en la rutina. Pero debe ser porque no actuamos como deberíamos hacerlo. Debemos conocernos mejor, así que reunámonos para analizar el asunto y hacer algo". Como es de esperarse, en lo particular, no tengo ninguna objeción a que las personas se reúnan para intentar buscar las maneras de salir del estancamiento; pero esa no es la respuesta a lo que pasa con la iglesia en la actualidad.

Por otra parte, en vez de reunirse, alguien puede sugerir: "Hagamos planes para ir a otro lado". Esa es otra forma que tenemos los protestantes de aliviar —o evadir— los problemas que causa la rutina. Como sucedió con Job y sus "supuestos" amigos, que deliberaban acerca de la situación del patriarca sin llegar a la raíz del problema. Incluso algunos llegan a sugerir que nos reunamos para salir con otra excusa que nos ayude a salir del verdadero problema.

Otra persona podría decir: "Reunámonos y hagamos alguna actividad cristiana que entusiasme a la gente. La iglesia está en muy mal estado. La moral está baja y las cosas no andan como deberían marchar. Parece que estuviéramos corriendo en círculos. De modo que reunámonos y hagamos algo". Debo decir que esto es, sencillamente, activismo puro y duro.

Alguien más dice: "Formemos un comité para considerar la situación". El predicador bautista, Dr. Vance Havner, afirmaba: "Un comité es un grupo de incompetentes elegidos por los que no están dispuestos a hacer lo innecesario". Tal vez lo dijo en una forma demasiado radical. Hay algunas cosas que los comités pueden hacer, como también hay otras cosas que no pueden hacer.

Estoy bastante seguro de que cuando el hombre de Dios —Moisés— afirmó, con voz como la de un trueno, lo siguiente: "Ustedes han permanecido ya demasiado tiempo en este lugar. Están dando vueltas en círculos. Muévanse y tomen lo que Dios les ha dado", nadie se levantó y dijo: "Señor líder, reunámonos y comamos algo". Comer probablemente no habría ayudado. Estoy bastante seguro de que no se levantaron y dijeron: "Hagamos un viaje" o "Vamos a crear otro grupo". Comenzar otra congregación, llámese club o iglesia, es una reacción que asumimos cuando nos damos cuenta de que estamos en el estancamiento de la rutina y nos percatamos de que no hemos logrado nada valioso desde hace tal o cual número de años; cuando sentimos que no hemos avanzado nada en los últimos diez años; cuando caemos en cuenta de que no sabemos más de lo que sabíamos hace cinco años; que no somos más santos que hace tres años, etc., etc., etc. Simplemente nos encontramos a nosotros mismos dando vueltas en el desierto.

Si una canción pudiera desgastarse, ya nosotros habríamos desgastado ese antiguo cántico que dice: "Avívanos Señor con tu espíritu... y déjame sentir el fuego de tu amor aquí en mi corazón... Señor". Lo hemos cantado tanto que ya nadie lo entona en serio, consciente de lo que expresa. Nadie está dispuesto a pagar el precio. Sin embargo, seguimos dando vueltas tras vueltas y todo lo que vemos son los talones del compañero que nos precede. Todo lo que ve el compañero detrás de nosotros son nuestros talones. Damos vueltas y vueltas, hasta que alguien propone: "Vamos a formar un club ahora".

Un problema mal entendido

La confraternidad, los comités y los clubes son buenos bajo las circunstancias correctas, pero este tipo de respuesta a esa clase de dificultades presupone que aquellos que dan la respuesta han entendido mal esa dificultad. Hay tres cosas que malinterpretan.

Primero, malinterpretan la naturaleza de la fe cristiana. La fe cristiana es interna, no externa. Es del espíritu, no de la carne. El reino de Dios está dentro de ti, Cristo habita en tu corazón, y "es Cristo en ti, la esperanza de gloria" (ver Colosenses 1:27); ello constituye el núcleo ardiente de la fe cristiana. Así que el cristianismo, la verdadera fe cristiana, es de naturaleza interna; por tanto, debemos ser cristianos internamente. Es adentro, en algún lugar del espíritu, el alma y el corazón —la persona interior— que se cae en la rutina. Debido a que el problema es interno, es ridículo decir: "Está bien. La persona interior, el espíritu en mí, el santuario que llevo dentro, está inmerso en una rutina. No está donde debería estar, así que comamos algo para ver qué hacemos".

La naturaleza de la iglesia

Segundo, malinterpretan la naturaleza de la iglesia. Como ves, la iglesia es un cuerpo de individuos unidos en Cristo pero que tienen responsabilidades individuales, separadas. De forma que, el cuerpo mejora solo en la medida en que afinamos a los individuos que lo componen. El Espíritu Santo cayó en Pentecostés sobre unas ciento veinte personas. Pero los invistió de poder a cada uno de ellos individualmente. Si alguno de esos creyentes hubiera endurecido su corazón, no habría sido investido de ese poder.

Por otra parte, cada persona nace individualmente, aun cuando se trate del nacimiento de unos quintillizos. Nacemos uno por uno y morimos uno por uno; enfrentamos el juicio uno por uno y si nosotros, como cristianos, estamos enfermos, seremos curados uno por uno. Así que el cuerpo de Cristo está compuesto por individuos, por lo cual decir: "Está bien, formemos un comité para investigar el asunto", es tratar de hacer —por medio de una docena de personas— lo que Dios no puede hacer por una sola persona: solucionar el problema por medios externos. Eso no funciona y nunca funcionará. Debido a que entendemos mal la naturaleza de la iglesia, no sabemos cómo resolver el problema.

Que hay de malo con ellos

Tercero, los creyentes no entienden bien lo que les pasa. No se puede curar a un miembro débil prescribiéndole una simple dieta. Puedes comer caviar y lengua de colibrí hasta que se ponga el sol, pero será en vano, no te ayudará, porque eso no tiene que ver nada con lo que te pasa. Puede que alguien diga: "Hagamos un viaje". Haz tu viaje, está bien. Intenta que no te maltraten en el camino. Pero recuerda, eso no tiene que ver con lo que te ocurre. Luego surge otra persona y dice: "Formemos un comité para arreglar el asunto". El hecho de que haya o no un comité tampoco te afecta. Estás errando. Pasas por alto la naturaleza de la verdadera fe cristiana, ya que el cristianismo auténtico es interno y, lo que está mal dentro de ti, no se puede arreglar por medios externos.

Ahora supongamos que estamos listos para reconocer que estamos estancados, agobiados por la rutina. Así que dices: "Bueno, ¿qué está haciendo la iglesia?". Al menos yo, no lo sé, porque lo que importa es el individuo. Verás, la iglesia se compone por un señor que vive aquí cerca, por esas dos personas que viven por allá, en el barrio Libertad, por otros cinco individuos que viven en el Barrio San Francisco, los siete que moran al otro lado de la ciudad, en El Paso; y los catorce que viven en el este. Esa es la iglesia. Lo que hace la iglesia es lo que hacen los individuos. Qué tan bien o qué tan enferma esté la iglesia depende de cuán bien o cuán enfermas estén las personas. En otras palabras, depende de cómo estés tú.

Por tanto, debemos acercarnos al Señor humildemente y decirle: "Oh Señor, ¿qué me falta todavía? Tengo algunas cosas, oh Dios, pero ¿qué me falta? ¿O de qué debo deshacerme? ¿Cómo me comparo con lo que debería ser? ¿Cómo sé lo que debo ser?".

En Mateo 5:3-10 leemos:

> "Dichosos los pobres en espíritu, porque el reino de los cielos les pertenece. Dichosos los que lloran, porque serán consolados. Dichosos los humildes, porque recibirán la tierra como herencia. Dichosos los que tienen hambre y sed de justicia, porque serán saciados. Dichosos los compasivos, porque serán tratados con compasión. Dichosos los de corazón limpio, porque ellos verán a Dios. Dichosos los que trabajan por la paz, porque serán llamados hijos de Dios. Dichosos los perseguidos por causa de la justicia, porque el reino de los cielos les pertenece".

Eso es lo que deberíamos ser: cristianos dichosos, bienaventurados, caracterizados por toda esa variedad de cualidades que menciona el Maestro. En realidad, este pasaje expresa cómo debe ser un verdadero creyente. Continúa con las epístolas y verás lo que el hombre de Dios tiene que decir allí. En Efesios 4:26—5:2 dice:

> "Si se enojan, no pequen". No permitan que el enojo les dure hasta la puesta del sol, ni den cabida al diablo. El que robaba, que no robe más, sino que trabaje

honradamente con las manos para tener qué compartir con los necesitados. Eviten toda conversación obscena. Por el contrario, que sus palabras contribuyan a la necesaria edificación y sean de bendición para quienes escuchan. No agravien al Espíritu Santo de Dios, con el cual fueron sellados para el día de la redención. Abandonen toda amargura, ira y enojo, gritos y calumnias, y toda forma de malicia. Más bien, sean bondadosos y compasivos unos con otros, y perdónense mutuamente, así como Dios los perdonó a ustedes en Cristo. Por tanto, imiten a Dios, como hijos muy amados, y lleven una vida de amor, así como Cristo nos amó y se entregó por nosotros como ofrenda y sacrificio fragante para Dios.

Eso es lo que deberíamos ser. Esa es la forma en que deberíamos estar viviendo. Cuando decimos: "Señor, ¿qué me falta todavía?", el Espíritu Santo responde: "Esto es lo que te falta".

Recuerda, se nos compara con lo que podríamos ser, no solo con lo que deberíamos ser. Siendo Dios quien es, y Jesucristo su Hijo resucitado y todopoderoso, podemos ser cualquier cosa que debamos ser. Cualquier cosa que Dios ha declarado que debemos ser, podemos serlo.

En el maravilloso libro de Romanos, quizás el más grande y profundo de la Biblia, el capítulo 7 nos habla de un hombre que está luchando y queriendo ser algo que siente que no puede ser. Finalmente se da por vencido y dice: "¡Soy un pobre miserable! ¿Quién me librará de este cuerpo mortal?" (v. 24). Inmediatamente Pablo dice: "¡Gracias a Dios por medio de Jesucristo nuestro Señor! En conclusión, con la mente yo mismo me someto a la ley de Dios, pero mi naturaleza pecaminosa está sujeta a la ley del pecado ... pues por medio de él la ley del Espíritu de vida me ha liberado de la ley del pecado y de la muerte" (25; 8:2).

En Gálatas 5:22-23 leemos: "En cambio, el fruto del Espíritu es amor, alegría, paz, paciencia, amabilidad, bondad, fidelidad, humildad y dominio propio. No hay ley que condene estas cosas". Eso es lo que debemos ser y lo que podemos ser. Ahora compara eso con lo que somos. Si comparamos lo que deberíamos ser y lo que podríamos ser con lo que somos, y no vemos que estamos estancados y que no nos preocupamos, entonces una de tres cosas puede estar mal.

Puede que no seamos convertidos

Primero, es posible que no estemos convertidos al evangelio en absoluto. Estoy convencido de que muchos evangélicos no están verdadera ni profundamente convertidos. En el ambiente evangélico es completamente posible entrar en la membresía de una congregación, involucrarse por simpatía, filtrarse a través de las células de la iglesia y nunca saber lo que significa nacer del Espíritu y ser lavado por la sangre de Cristo. Gran parte de lo que se considera como una vida muy profunda no es más ni menos que un cristianismo básico. No hay nada muy profundo en ello, es más, deberíamos haber tenido una gran profundidad desde el principio. Deberíamos haber sido cristianos felices, gozosos y victoriosos caminando con el Espíritu Santo y no satisfaciendo los deseos de la carne. Sin embargo, en vez de eso, hemos estado persiguiéndonos y señalándonos unos a otros constantemente.

Lo que necesitamos es aquello que los antiguos metodistas llamaban una sana conversión. Hay una diferencia entre la conversión y una conversión sana. Las personas que nunca han sido profundamente convertidas no tienen al Espíritu Santo que las ilumine. Cuando leen el Sermón del Monte o los pasajes formativos de las epístolas que les dicen cómo vivir o aquellos textos doctrinales que les instruyen en cuanto a modelar una vida mejor, no los toman en cuenta. Es más, muestran apatía al respecto. El Espíritu que los escribió no les da testimonio en sus corazones porque no han nacido del Espíritu. Eso sucede muy a menudo.

La gente se deshace de sus malos hábitos, deja sus adicciones, empieza a cumplir con sus responsabilidades financieras, adopta un estilo de vida algo recto y luego dice: "Quiero unirme a la iglesia". Así que pregunto:

—¿Crees que Cristo es el Hijo de Dios?

—Sí —responden.

—¿Crees que Jesús resucitó de entre los muertos?

—Sí —alegan.

—¿Crees que él vendrá otra vez?

—Sí —afirman.

Bueno, a esas personas debo decirles que el diablo también afirma todo eso y que, además, tiembla. A la iglesia entran personas que no son convertidas en absoluto. Somos tan tiernos, sentimentales y estamos tan ansiosos por captarlos que los atrapamos por cualquier motivo. Basta con que digan unas palabras que consideremos correctas. Pero, en primer lugar, es probable que algunas de esas personas nunca se hayan convertido.

En segundo lugar, es probable que no les preocupe la rutina debido al pecado que han cometido. Tal vez han sido regenerados pero han pecado contra la luz con demasiada frecuencia, por lo que esa luz se ha convertido en tinieblas. Eso ocurre con mucha frecuencia.

No digo que esas personas se pierdan, pero sí creo firmemente que están en una situación terrible. Solo el poder y la gracia de Dios operando dentro de ellos puede ayudarles. Creo que hay mucha gente así. Se han regenerado, pero se han ocupado más con sus propios intereses. Muchos han dicho: "Bueno, me gustaría ir a su iglesia, reverendo, pero tengo que mantener mi negocio abierto los siete días de la semana". No pueden servir a Dios porque no tienen tiempo para ello. Tendrán tiempo para morir, pero no para servir a Dios.

Tercero, algunos individuos son tan fariseos que tienen escasa sensibilidad a cualquier obra del Espíritu Santo. No pueden ser curados de su ceguera espiritual porque creen que ven bien. A los fariseos nunca les convenció el ministerio terrenal de Jesús. Por eso crucificaron a Cristo. Odiaban al Hijo de Dios, por lo que nunca se arrepintieron. Conformaron su vida religiosa de una manera tal que fueran impenetrables a las flechas del Espíritu Santo. La mujer adúltera podía arrojarse a los pies de Jesús, el recaudador de impuestos —consciente de lo mucho que había robado— acudió a Jesús para pedirle ayuda y los pobres venían de todas partes a decirle al Maestro: "¿Qué debo hacer?". Todas esas personas podían acudir a Jesús, pero los fariseos no hicieron eso nunca. Nunca se sintieron convictos, ni en el infierno; supongo que todavía están peleando y diciendo que tienen la razón.

Si las personas pueden juzgar lo que podrían y deberían ser, comparar eso con lo que son y, aun así, irse tranquilos a casa y descansar bien por la noche, encogiéndose de hombros, es probable que nunca se hayan convertido. Tal vez hayan pecado contra la luz, hasta puede que estén temporalmente bajo una nube terrible del juicio de Dios. O tal vez son tan farisaicos que son incapaces de sentir convicción alguna.

Hay esperanza

Sin embargo, si esos elementos sienten alguna preocupación, si se sienten heridos por el Espíritu y están profundamente descontentos con la rutina religiosa, hay esperanza. Recuerda, la complacencia es un enemigo mortal. Es un adversario tan grande como cualquier otra enfermedad lujuriosa, cualquier otra manifestación maligna. Ser complaciente es no tener deseos de llegar a ninguna parte.

Había un célebre caballero inglés que se sentó con un amigo, una vez, a ver una orquesta filarmónica. Mientras escuchaban, el inglés observó a un músico que tocaba el segundo violín. Lo estaba ejecutando muy bien, pero era segundo violín. El inglés le dijo a su amigo: "¿Ves a ese hombre que toca el segundo violín? Si yo estuviera tocando el segundo violín en esa orquesta, ¿sabes lo que haría? No descansaría nunca, ni de día ni de noche, hasta que pasara a tocar el primer violín. Y luego no reposaría nunca, ni de día ni de noche, hasta que estuviera dirigiendo esa orquesta. Si llegara a ser director, nunca descansaría hasta convertirme en compositor. Y una vez que llegué a componer música para la orquesta, no me daría descanso nunca hasta que fuera el mejor compositor de Inglaterra".

Los hijos del mundo son más sabios

Los hijos del mundo a veces son más sabios que los de la luz. A nosotros no nos han ofrecido la dirección de una gran orquesta, sino la gloria y la verdad inescrutable. Se nos ha brindado el rostro de Dios y la gloria de Cristo. Se nos ha ofrecido la santidad, la justicia y ser morada del Espíritu Santo. Podemos obtener respuesta a nuestras oraciones y que el infierno nos tema porque tenemos un asidero en Dios que nos invita a recurrir a su omnipotencia. Se nos ofrece todo eso y, sin embargo, nos sentamos y tocamos el segundo violín sin aspirar nada más.

La gente de Israel estuvo una vez en esa condición, hasta que un anciano profeta con sus ojos resplandecientes se le acercó y le dijo:

> ¡Ay de los que viven tranquilos en Sión y de los que viven confiados en el monte de Samaria! ¡Ay de los notables de la nación más importante, a quienes acude el pueblo de Israel! Pasen a Calné y obsérvenla; vayan de allí a Jamat la grande, bajen luego a Gat de los filisteos. ¿Acaso son ustedes superiores a estos reinos, o es más grande su territorio que el de ustedes? Ustedes creen alejar el día de la desgracia, pero están acercando el imperio de la violencia. Ustedes que se acuestan en camas incrustadas de marfil y se arrellanan en divanes; que comen corderos selectos y terneros engordados; que, a la manera de David, improvisan canciones al son de la cítara e inventan instrumentos musicales; que beben vino en tazones y se perfuman con las esencias más finas sin afligirse por la ruina de José, marcharán a la cabeza de los desterrados, y así terminará el banquete de los holgazanes (Amós 6:1-7).

El pueblo de Israel estaba estancado y no querían que nadie perturbara su calma. Les gustaba la música, la comida, los lechos de marfil y se untaban con ungüento. Tenían todo lo que llamamos una vida suntuosa. Pero no se entristecieron por la aflicción de Israel. No les importaba.

No descansemos en lechos de marfil. Por la gracia de Dios, roguemos que el Espíritu Santo empiece a inquietarnos algo por el estancamiento espiritual de los santos, de modo que sintamos ansiedad y angustia por el estado en que se encuentra la iglesia de hoy.

CAPÍTULO 3

DESPIERTA DEL SUEÑO

Mi objetivo es despertar a algunos de la rutina. Sé que es imposible despertarlos a todos, pero espero que, al menos, algunos lo hagan. Uso la palabra *despertar* aquí de modo deliberado y con cuidado porque la Biblia contiene enseñanzas significativas respecto a la palabra *dormir*.

Ante todo está el *sueño natural*. "Porque Dios concede el sueño a sus amados" (Salmos 127:2). "En paz me acuesto y me duermo, porque solo tú, Señor, me haces vivir confiado" (4:8).

Nuestro Señor mismo durmió en la barca. Apenas vale la pena mencionar el sueño natural porque es un regalo de Dios para nosotros. Dormimos cuando podemos y cuando no podemos es porque algo anda mal. El sueño natural es normal, siempre que no estemos durmiendo cuando deberíamos estar haciendo otra cosa. Si dormimos cuando deberíamos estar orando, entonces no es normal, aunque es natural. El sueño natural es normal cuando "Él da el sueño a su amado". Pero, por ejemplo, aquellos discípulos que durmieron cuando deberían haber estado despiertos orando con Jesús, tuvieron un sueño natural, pero no normal. Sin embargo, dejaremos de lado el sueño natural porque eso no es lo que vamos a estudiar ahora.

Estoy pensando en el *sueño moral* y el *sueño espiritual*. El sueño moral se sugiere en 1 Corintios 15:34: "Vuelvan a su sano juicio [despiértense], como conviene, y dejen de pecar". Existe tal cosa como el sueño moral. Es perfectamente posible desagradar a Dios y entristecer al Espíritu Santo al estar dormidos moralmente; es decir, permitiendo lo que no se debe permitir. La mayoría de la gente no quiere escuchar esto. Quieren algo añadido a lo que tienen. No desean que les digan que están permitiendo algo que no debería consentirse. En otras palabras, están haciendo lo que no deberían hacer.

Sin embargo, alguien pregunta: "¿Y eso sucede con los cristianos? ¿Crees que muchos cristianos están haciendo esto?". No dudo en afirmar que todos los síntomas en la iglesia de hoy apuntan a que los cristianos están haciendo cosas que no deberían estar haciendo y fallando en hacer lo que deberían hacer. Eso es lo positivo y lo negativo: pecados de comisión, pecados de omisión. Desconocer esos pecados es estar moralmente dormidos.

El despertar repentino

Cuando la Biblia dice: "Vuelvan a su sano juicio [despiértense], como conviene, y dejen de pecar", revela la posibilidad de un despertar repentino, como cuando suena una alarma y te despierta. Aunque es normal estar dormido y ser despertado de repente, es algo sorprendente para la gente. Esta suele decir: "¿Sabes?, estaba llevando una vida que desagradaba a Dios. Aun cuando era miembro de la iglesia, no sabía que ofendía a Dios con mi actitud. Mi vida no estaba bien. Hasta que, de repente, Dios me despertó. Fue una sorpresa".

Despertar así no solo es una sorpresa, sino que puede ser desconcertante, como cuando te diriges a un destino en particular. Has decidido hacia dónde vas y sabes en qué punto estás. Pero encuentras que los puntos de referencia indican que simplemente estás equivocado. Has estado avanzando por el camino errado. Eso no solo es una sorpresa para ti, sino que es desconcertante porque pierdes confianza en ti mismo.

Las personas que despiertan del sueño moral dicen: "Bueno, ¿qué me pasa? He estado llevando una vida desagradable a Dios y, simplemente, no lo sabía". Como le sucedió a Jacob al despertar de su sueño: "En realidad, el Señor está en este lugar, y yo no me había dado cuenta". Y con mucho temor, añadió: "¡Qué asombroso es este lugar! Es nada menos que la casa de Dios; ¡es la puerta del cielo!" (Génesis 28:16-17). Jacob debe haber estado bastante desconcertado cuando despertó y descubrió que había estado en la presencia de Dios todo el tiempo, pero dormido. No estaba moralmente muerto, no; él no fue cortado del pacto, simplemente estaba dormido.

También existe el *sueño espiritual*. Mira lo que dice Pablo en su carta a los Efesios (5:14): "Despiértate, tú que duermes, levántate de entre los muertos, y te alumbrará Cristo". Este versículo se dirige a menudo a los pecadores, pero no fue escrito pensando en ellos. El Libro de Efesios nunca fue escrito para los pecadores. No es un mensaje para ellos, en absoluto; sino un mensaje para una de las mejores iglesias del Nuevo Testamento. Sin embargo, el escritor afirma: "Despiértate, tú que duermes, levántate de entre los muertos, y te alumbrará Cristo" (5:14). Algunos de los efesios estaban somnolientos; es decir, eran moralmente buenos pero no sabios. Eran religiosos pero no ungidos. Es perfectamente posible que un miembro de iglesia bueno, fiel y leal esté espiritualmente dormido, en un estado espiritual paralelo al sueño natural.

Cuando tu esposo, tu esposa, tu hijo, tu pariente, tu amigo o tú se vayan a dormir esta noche, el hecho de que estés inconsciente y fuera de juego por un tiempo no te molesta. Sabes que lo normal es que te despertarás de nuevo. No estás muerto, pero estás aislado de tu entorno, de todo menos de lo que es reflejo: respiración y algunas otras cosas. Asimismo, es posible ser cristiano, estar en la iglesia y, sin embargo, estar dormido espiritualmente. Por lo que tienes que ser despertado de repente. Es probable que sientas vergüenza de ti mismo, te enojes contigo mismo, te frustres y te desconciertes al punto que digas: "¿Qué me pasa? Todo este tiempo estuve casi despierto, pero no del todo".

La mayoría de los cristianos están dormidos

¿Cuál es la condición actual de la iglesia evangélica? La mayor parte de los cristianos están dormidos. No quiero decir que el grueso de los que acuden a las iglesias evangélicas no sean convertidos, porque si quisiera decir eso diría que estaban muertos y nunca nacieron de nuevo. Pero digo que están dormidos. Es posible estar moralmente dormido y, sin embargo, intelectual, mental y físicamente alerta. Es posible estar espiritualmente dormido pero alerta mental, intelectual, física y teológicamente.

La condición actual es que estamos dormidos. Estos cristianos dormidos hacen dos cosas por las que Dios debe afligirse. Una es que controlan los asuntos de la iglesia. Somos democráticos y, si no nos gusta un pastor, lo despedimos u oramos para que reciba otro llamado. Luego, cuando se nos ocurra, elegimos a quien queremos y expulsamos a quien no queremos. La gente de la iglesia controla los asuntos de la congregación porque están despiertos intelectual, mental y físicamente, pero pueden estar dormidos moral y espiritualmente. Es decir, están tan hundidos en la rutina que no ven que permanecen estancados.

Muchas personas que están dormidas controlan los asuntos de la iglesia. Dictan conferencias completas. Se erigen representantes autorizados a expensas de la gente de la iglesia local. Leerán actas y aprobarán resoluciones, pero están dormidos. Uno sabe que está dormido por la forma en que habla tan pronto como se pronuncia la bendición y se va del servicio. Tú sabes que están dormidos por su conducta, las cosas que les interesan o aquellas por las que muestran falta de interés, pero controlan los asuntos de la iglesia.

Lo segundo que hacen los cristianos dormidos es establecer los estándares para los nuevos creyentes. Cuando traes a un cristiano recién convertido, este adquiere automáticamente el perfil, el estado de ánimo y la conducta de los que los rodean. Muy pronto esa persona está al mismo nivel que los demás. Por eso insisto, no ven buenos ejemplos de la vida cristiana, porque no los hay entre ellos.

Por supuesto, a la gente le molesta cualquier palabra que se refleje en ellos, pero de vez en cuando aparece un alma despierta. De una forma u otra ese individuo se despertó. De alguna manera Dios todopoderoso lo avivó, ya sea por el canto del gallo o por el rebuzno del burro de Balaam. Esa persona deja la mediocridad, el estancamiento y se convierte en una luz resplandeciente y radiante. Y luego los santos durmientes pagan para que él o ella vaya y haga su trabajo por ellos. Envían gente así a Sudáfrica o al Lejano Oriente para que hagan el trabajo que debe realizar cada discípulo del Maestro.

Mientras tanto, los dormidos se quedan en casa y cabecean espiritualmente. Envían recursos al campo misionero, porque a nivel intelectual están despiertos; pero en lo espiritual son cadáveres. Cuando una de esas personas muere, escriben la historia de su vida e incluso pueden llegar a hacer una muestra de honra a su memoria en cualquier parte de la iglesia. Podrían llamarlo el "Memorial del Santo Despertado". Pero tienen mucho cuidado de no ser despertados ellos mismos. Son cuidadosos y perfectamente felices de hablar sobre lo maravilloso que fue Robert Jaffray, pero no pagarán el precio de Jaffray. Pueden hablar interminablemente sobre el maravilloso Dr. A. B. Simpson, pero no seguirán el camino de Simpson. Tienen cuidado de no seguir a la persona cuya vida elogian y cuyo memorial erigen.

Sin embargo, de esto es de lo que se trata el cristianismo: el alma despierta, el despertar moral y espiritual. Dios, que parece tan lejano, de repente se vuelve cercano. Dios que había estado fuera del foco, borroso, ahora se ve como el Hijo de justicia a la vista, con sanidad en sus alas.

CAPÍTULO 4

LA IGLESIA EN LA RUTINA

No quiero que desconozcan, hermanos, que nuestros antepasados estuvieron todos bajo la nube y que todos atravesaron el mar. Todos ellos fueron bautizados en la nube y en el mar para unirse a Moisés. Todos también comieron el mismo alimento espiritual y tomaron la misma bebida espiritual, pues bebían de la roca espiritual que los acompañaba, y la roca era Cristo. Sin embargo, la mayoría de ellos no agradaron a Dios, y sus cuerpos quedaron tendidos en el desierto. Todo eso sucedió para servirnos de ejemplo, a fin de que no nos apasionemos por lo malo, como lo hicieron ellos. No sean idólatras, como lo fueron algunos de ellos, según está escrito: "Se sentó el pueblo a comer y a beber, y se entregó al desenfreno". No cometamos inmoralidad sexual, como algunos lo hicieron, por lo que en un solo día perecieron veintitrés mil. Tampoco pongamos a prueba al Señor, como lo hicieron algunos y murieron víctimas de las serpientes. Ni murmuren contra Dios, como lo hicieron algunos y sucumbieron a manos del ángel destructor. Todo eso les sucedió para servir de ejemplo, y quedó escrito para advertencia nuestra, pues a

nosotros nos ha llegado el fin de los tiempos. Por lo tanto,
si alguien piensa que está firme, tenga cuidado de no caer.

—1 Corintios 10:1-12

Cuando estábamos en Horeb, el Señor nuestro Dios
nos ordenó: "Ustedes han permanecido ya demasiado
tiempo en este monte. Pónganse en marcha y diríjanse a
la región montañosa de los amorreos y a todas las zonas
vecinas: el Arabá, las montañas, las llanuras occidentales,
el Néguev y la costa, hasta la tierra de los cananeos, el
Líbano y el gran río, el Éufrates. Yo les he entregado esta
tierra; ¡adelante, tomen posesión de ella! El Señor juró
que se la daría a los antepasados de ustedes, es decir,
a Abraham, Isaac y Jacob, y a sus descendientes".

—Deuteronomio 1:6-8

Las iglesias se estancan porque eso es lo que hacen sus miembros. Es imposible que la iglesia haga algo que los individuos no hagan. Es improbable que logremos algún progreso excepto el que hacen los individuos. Es imposible que haya algún retroceso a menos que los cristianos individuales retrocedan.

Medita en aquellas personas que están en una rutina religiosa. Descubren varias cosas sobre sí mismas. Se darán cuenta de que están envejeciendo, pero no se están volviendo más santos. El tiempo es su enemigo, no su amigo. El tiempo en el que confiaban y al que esperaban los está traicionando, por lo que —a menudo— se decían a sí mismos: "El paso del tiempo me ayudará. Conozco algunos santos ancianos, así que a medida que envejezca seré más santo y mejor. El tiempo me ayudará, me purificará y me revivirá". Dijeron eso hace dos años, pero no pasó nada. El tiempo los traicionó. No fueron mejores el año pasado de lo que habían sido el año anterior.

Sin embargo, el año pasado dijeron: "El próximo año seguro que haré algún progreso. Saldré de esta rutina. Seguiré adelante con Dios". Eso hubiera sido este año, pero este año no están más avanzados que el pasado ni el anterior. Este año podrían estar diciendo: "Bueno, el tiempo es mi aliado. El tiempo me ayudará. Me estoy haciendo mayor y el próximo año progresaré". Debo decirte que la gente en la rutina religiosa está envejeciendo, pero no se está volviendo más santa. El tiempo, en el que han confiado como su amigo, los está traicionando y demostrando ser su enemigo.

El tiempo les está haciendo otra jugada: está incrementando su indiferencia hacia las cosas espirituales. La señal de que Dios solía comunicarse con ellos fácilmente, ahora se está debilitando y desvaneciendo. De vez en cuando, en los días buenos, todavía pueden escucharlo. Ya sabes cómo es cuando viajas lejos de tu ciudad. Enciendes la radio para oír las noticias cristianas o simplemente para escuchar música de adoración. Quieres escuchar a Dios pero, a medida que te alejas, la estación se vuelve más débil. La señal sigue siendo razonablemente clara, pero es más débil. Y luego te metes en un túnel donde no lo escuchas en absoluto. Te dices a ti mismo: "Bueno, esa estación se está desvaneciendo, perdí la señal". Entonces, de repente, se enciende de nuevo. "Bueno", podrías decir, "lo estamos escuchando de nuevo". Pero todavía es muy débil. Cuando te alejas más aún de la ciudad, ya no lo escuchas en absoluto.

Sentimientos religiosos aburridos

Eso es exactamente lo que las personas estancadas en la rutina descubren sobre sí mismas. Se dan cuenta de que el paso del tiempo tiende a embotar sus sentimientos espirituales, por lo que la señal que antes era bastante clara se desvanece. Luego se preocupan un poco y dicen: "Perdí la señal. Tendré que hacer algo". De repente vuelve a encenderse y lo escuchan un poco, por lo que dicen: "Ah, no es tan malo después de todo". Simplemente están en un nivel favorable, tal vez algún nuevo predicador ha llegado a la ciudad. Creen que están escuchando la voz de nuevo y que están progresando un poco. Pero no pasa mucho tiempo hasta que están lejos y ya no pueden escuchar nada. El tiempo ha aumentado su indiferencia hacia las cosas espirituales y ha embotado sus sentimientos religiosos, haciendo que cada vez le sea más difícil cambiar.

El cambio es uno de los ingredientes del cristianismo. Si la gente no pudiera cambiar, el evangelio no tendría ningún sentido. Si Dios dijera: "Crean en el Señor Jesucristo; arrepiéntanse y crean", y la persona no pudiera arrepentirse ni creer, el evangelio no tendría sentido. El hecho de que las personas puedan cambiar es la única esperanza que les da el evangelio. Si no pudieran cambiar, no habría razón para predicarles que deben cambiar. Y, sin embargo, somos enviados a predicar eso: que la gente debe cambiar; lo que significa que debe arrepentirse. Deben pasar de la oscuridad a la luz. Deben tornarse de los ídolos a Dios. Deben cambiar. Esto es absolutamente necesario, un ingrediente vital en la vida espiritual.

Las personas que caen en la rutina, en esa tumba circular, descubren que les resulta cada vez más difícil cambiar. Solían sentirse hechizados cuando estaban emocionalmente conmovidos. Sus voluntades se pusieron del lado de Dios y realmente tenían la intención de convertirse en buenos cristianos por la gracia de Dios. Pero esos tiempos son cada vez más escasos. No pueden darse el lujo de esperar y decir: "Ah, bueno, lo haré el próximo Día de Acción de Gracias. Lo haré cuando vuelva a casa después de las vacaciones". No, o lo hacen ahora o no lo harán nunca.

Llega un momento en que deben hacer un cambio. Si no lo logran, nunca lo harán. El tiempo les está robando las oportunidades para lograrlo. Comenzaron con un número determinado de días y ya han consumido muchos de ellos. Pero la tragedia es que no saben cuántos les quedan. No lo saben porque ignoran cuántos tenían para empezar. Si bien podían contar el número de días que han estado en la tierra, no saben cómo se acumulan hasta el número que se les asignó, por lo que no saben dónde están. Solo saben que los días están haciendo lo que dijo el poeta acerca de las hojas. "Las hojas de la vida siguen cayendo una a una".

Frente a nuestra casa en Old Orchard Grove, se encuentra un hermoso arce azucarero, uno de los árboles más frondosos y verdes que he visto. Este se aferra a sus hojas durante mucho tiempo y luego pero, en algún momento de octubre, noto que faltan algunas hojas; por lo que me digo a mí mismo: "Ah, bueno, todavía hay una gran cantidad de hojas". No necesito preocuparme. Al día siguiente veo que no hay tantas hojas, y luego empiezo a observar que empiezan a aparecer algunas ramas. Antes de que la nieve caiga no queda ni una hoja. Las personas que se estancan en la rutina nunca saben cuándo se les caen las últimas hojas.

Razones de la rutina

¿Por qué la gente se estanca en la rutina? Hay varias posibilidades. Es posible que nunca se hayan convertido verdaderamente en absoluto, lo cual es uno de nuestros grandes problemas. Implementamos una docena de maneras de llevar a la gente al reino de Dios, a pesar de que el Señor dijo que solo había una. Se cuelan, se infiltran, ingresan por algún interés y hasta mediante el matrimonio, básicamente utilizan cualquier método para entrar. Pero solo hay un camino verdadero. Cuando las personas descubren que después de estar en la iglesia por varios años no ven mucho progreso en sus vidas, deben examinarse a sí mismas y preguntarse si realmente se han convertido al evangelio. La verdadera conversión implica un arrepentimiento radical, una vida cambiada, el perdón consciente de los pecados y un renacimiento espiritual. Las personas genuinamente convertidas, como decían los antiguos metodistas, experimentaban un arrepentimiento radical, que resultaba en una vida transformada. Luego cobraban conciencia del perdón de sus pecados y vivían un renacimiento espiritual. No obstante, es posible que aquellos que permanecen estancados en la rutina nunca hayan sentido eso en absoluto.

Tal vez han sido entregados al diablo como una severa medida disciplinaria para mantenerlos fuera del infierno, tal cual lo señala el apóstol Pablo.

> Cuando se reúnan en el nombre de nuestro Señor Jesús, y con su poder yo los acompañe en espíritu, entreguen a este hombre a Satanás para destrucción de su naturaleza pecaminosa a fin de que su espíritu sea salvo en el día del Señor.
>
> —1 Corintios 5:4-5

> Así que cada uno debe examinarse a sí mismo antes de comer el pan y beber de la copa. Porque el que come y bebe sin discernir el cuerpo come y bebe su propia condena. Por eso hay entre ustedes muchos débiles y enfermos, e incluso varios han muerto. Si nos examináramos a nosotros mismos, no se nos

juzgaría; pero, si nos juzga el Señor, nos disciplina para que no seamos condenados con el mundo.

—1 Corintios 11:28-32

Las personas en la rutina cíclica, que envejecen en la iglesia sin santificarse, pueden haber sido entregadas al diablo por dos cosas: por algunos pecados carnales (1 Corintios 5) o por una grave irreverencia en la mesa de la Santa Cena (1 Corintios 11).

Los cristianos somos demasiado propensos a suponer cosas. Nos reímos de los que están del otro lado de la cerca eclesiástica nuestra porque se inclinan, se humillan y se doblegan en presencia de la iglesia. Pero nos falta reverencia, no porque seamos libres en el evangelio, sino porque Dios está ausente y no percibimos nada de su presencia. A veces nos acercamos a la mesa de la Santa Cena en un estado moral y espiritual totalmente inadecuado para recibir la comunión y, sin embargo, participamos en ella. Al respecto, el apóstol Pablo dijo: "Somos juzgados por el Señor, estamos siendo disciplinados para que no seamos condenados con el mundo" (1 Corintios 11:32).

El pecado es la causa

Por lo general, la causa de la rutina es el pecado; podría decir que ella es la tumba en la que yacen tantas personas. Dado que el pecado ofende a Dios, y es extremadamente engañoso, la gente puede que no se dé cuenta de la obra mortal del maligno hasta que es tan obvia que les llama la atención. Hay varias clases de transgresiones que causan la rutina. La primera es el pecado de omisión, un acto que debería haberse hecho y no se hizo. Luego está el pecado de comisión, que es una acción deliberada que desagrada a Dios, al Espíritu Santo. También está el pecado de la carne. El mundo puede aprobar este tipo de pecado, e incluso hay iglesias y pastores que lo permiten. Es asombroso lo que los predicadores bromean con sus congregaciones, se ríen y toleran en cuanto a los pecados carnales. Tal vez ellos lo permitan, o al menos se rían, y digan: "Ah, bueno, no hay que ser tan santo, ni demasiado angelical en este mundo". Pero el Espíritu Santo se entristece por ello.

De modo que la gente se mueve alrededor de su tumba, estancada, sin escuchar mucho a Dios. Antes oían que les decía cosas como: "Levántate, sal de ahí. Has estado suficiente tiempo en ese lugar. ¡Párate! ¡Muévete! Ahí tienes la tierra que te prometí. Ya te la di. Está frente a ti. Todo lo que te prometí en el pacto; todo comprado con sangre. Es todo tuyo. Levántate y avanza hacia mí. Dirígete al lugar sacro, a la tierra santa y a tus posesiones. La victoria, la liberación y el poder de la oración son todos tuyos. Levántate y tómalo". Antes escuchaban que la señal les llegaba con fuerza, pero ya no tiene mucha. El Espíritu Santo se entristece y no habla mucho. Y la gente sigue moviéndose en su tumba, estancada en la rutina, sin avanzar nada.

Quizás han pecado con la mente. "La sociedad", dijo el filósofo Ralph Waldo Emerson, "conspira para hacer que cada hombre sea como cualquiera de los demás". Pero lo que Emerson no dijo fue que esa conspiración es para que cada hombre sea impío en su forma de pensar. Por "impío" no quiero decir que solo le gusten las imágenes pornográficas o pararse en la esquina de una calle en un día borrascoso y ver —morbosamente— a las chicas que pasan. Esa es solo una faceta de la maldad o el pecado. La ambición errónea, el amor al dinero, la sobrevaloración de las cosas terrenales, los celos y la envidia son parte de una red corrupta, y la sociedad está enseñándonos y condicionando nuestras mentes para pensar en forma pecaminosa. Lo triste es que eso comienza en la cuna.

Los pensamientos requieren mucha oración

Tener los pensamientos de Dios requiere de mucha oración. Si no oras mucho, no estás pensando en los pensamientos de Dios. Si no lees la Biblia mucho, con frecuencia y reverencia, no estás pensando en los pensamientos de Dios. Esas inclinaciones que tienes, con las que tu cabeza danza todo el día y hasta la noche, son pensamientos terrenales, pensamientos de una raza caída. Son los pensamientos de una sociedad perdida y corrupta. No deben estar en nuestros corazones. Pablo dijo: "Haya, pues, en vosotros este sentir que hubo también en Cristo Jesús" (Filipenses 2:5 RVR1960).

También tiene que haber mucha meditación. Debemos aprender a vivir inmersos en nuestras biblias. Consigue una con letras lo suficientemente grandes como para leer bien, sin forzar la vista. Mira a tu alrededor hasta que encuentres una que te guste y luego aprende a amarla. Comienza leyendo el Evangelio de Juan, luego sigue son el Libro de Salmos. Isaías es otro gran libro para animarte y elevarte. Cuando sientas que quieres saber más, lee Romanos, Hebreos y algunos de los libros teológicos más profundos.

Sin embargo, sumérgete en las Escrituras. No te limites a leer los pasajes que más te agraden. Decide leer la Biblia completa en el transcurso de un año o dos. Algún día te presentarás ante el juicio de Dios y él juzgará tus pensamientos. Por tanto, somos responsables de lo que pensemos y meditemos. Eso que pensamos hace de nuestra mente un templo en el que Dios puede morar con placer o, por el contrario, puede hacer de nuestra mente un escenario que desagrade a Cristo. Todo depende de nosotros.

¿Qué debes hacer entonces? Examínate a ti mismo. ¿Te has encontrado en esa terrible tumba de la rutina, sin lograr ningún progreso espiritual? ¿Te has dado cuenta de que el paso del tiempo, en el que tanto has confiado, ha sido vano y no te está ayudando en nada?

En cierta ocasión, Sócrates dijo: "Una vida sin analizar no vale la pena vivirla". Si un filósofo común puede pensar eso, cuánto más los cristianos deberíamos escuchar al Espíritu Santo cuando dice: "Examínate a ti mismo". El cristiano que no se examina es como un jardín sin cuido. Deja de atender tu jardín unos meses y no tendrás rosas ni tomates, sino malas hierbas. Una vida cristiana no examinada es como una casa descuidada. Cierra tu casa tan fuerte como puedas y déjala un tiempo así, cuando regreses no creerás la suciedad que se acumula en ella. El cristiano no examinado es como un niño sin educación. El chico al que no se le enseña será un salvaje. Se necesita análisis, enseñanza, instrucción, disciplina, cuidado, atención, desmalezado y cultivo para mantener la vida ideal.

No quiero desanimarte. Solo trato de despertarte, de motivarte. No hay razón en el mundo para que te descorazones. Supongamos que hubiera un elixir que pudiera curar cualquier enfermedad, y se vendiera en la esquina, y pudieras comprarlo por cinco centavos la botella. Enseguida lo comprarías porque sería el mejor remedio del mundo.

Entonces imaginemos que encuentro a un anciano sentado en un banco y me siento a su lado. Al observarlo me doy cuenta de que tiene la presión arterial alta. Lo noté por las venas que sobresalían en su frente. Así que empiezo a decirle: "Usted ha pasado suficiente tiempo en este banco. Levántese. Es posible que algo mejor le espere", pero el anciano se resiste a mi oferta. ¿Qué podría hacer yo? Bueno, creo que tendría que decirle toda una serie de explicaciones para que supiera lo enfermo que está, sin saber que unos metros más abajo —en esa misma calle— venden la cura para lo que lo aflige.

¿Por qué digo todo eso? Porque ahí, en esa situación, es que precisamente estamos en la iglesia. Tienes que trabajar con las personas por semanas para que se den cuenta de que están estancadas. Sería cruel hacerlo si no hubiera remedio. Pero la justicia de Dios está a favor del pecador que se arrepiente y confiesa. "Si confesamos nuestros pecados, Dios, que es fiel y justo, nos los perdonará y nos limpiará de toda maldad" (1 Juan 1:9). Debido a que Jesucristo murió, porque era Dios y porque era hombre, su expiación fue absoluta y totalmente eficaz. Todos los atributos de Dios están a favor de la persona que confiesa su pecado, deja de pecar y corre a los pies de Jesús.

> Mis queridos hijos, les escribo estas cosas para que no pequen. Pero, si alguno peca, tenemos ante el Padre a un intercesor, a Jesucristo, el Justo. Él es el sacrificio por el perdón de[a] nuestros pecados, y no solo por los nuestros, sino por los de todo el mundo.
> —1 Juan 2:1-2

Ahí está el elixir. Esa es la cura. Ese es solo un pequeño pasaje y, por supuesto, hay otros similares en todo el Nuevo Testamento. La sangre es derramada por nosotros. Dios perdona y justifica por causa de Cristo. El Espíritu Santo está aquí para tomar las cosas de Cristo y hacerlas reales para nosotros. No hay nada ni nadie, ni siquiera el mismo diablo, que pueda estorbar al pecador que se confiesa.

CAPÍTULO 5

CÓMO SALIR DE LA RUTINA

Así que, mis queridos hermanos, como han obedecido siempre —no solo en mi presencia, sino mucho más ahora en mi ausencia— lleven a cabo su salvación con temor y temblor, pues Dios es quien produce en ustedes tanto el querer como el hacer para que se cumpla su buena voluntad.
—Filipenses 2:12-13

El Espíritu Santo está diciendo dos cosas en este pasaje: Dios produce en ti el querer, pero tú debes trabajar con él para cumplirlo. Dios obra en ti, es decir, Dios siempre es primero. Dios es el activador. Dios te vio en la rutina y quiso que salieras de ella. Él lo pensó primero, no tú. El impulso de conocer a Dios vino de él, no de ti. Dios trabaja primero y, debido a eso, debemos trabajar con él. Por lo tanto, debemos despedirnos de todas las dudas y de toda sumisión falsa.

Es completamente posible ser tan sumiso, de una manera enfermiza, que te paralices y no llegues a ninguna parte. Por ejemplo, te dices a ti mismo: "Ese hombre ha estado predicando acerca de salir de la rutina religiosa. Aunque no he estado de acuerdo con todo, he sentido que estoy en una rutina y que debería salir de ella. Esta tumba se hace más profunda cada año de mi vida y apenas puedo ver más allá de ella. Dame cuatro o cinco años más y pasarás por encima de mí sin siquiera darte cuenta de que estoy aquí. Necesito ayuda. Pero me pregunto si Dios me ayudará".

Esa es una humildad falsa. Si conocieras la verdad, sabrías que habrías andado dando vueltas en esa tumba hasta que hubieras llegado a China y nunca hubieras pensado en salir de allí. El mismo hecho de que quieras salir es prueba de que Dios ha estado obrando en ti para que quieras eso. Ahora bien, si Dios obró en ti para que quisieras salir, entonces cuando le pides que te saque, ¿supones que no te ayudará? ¿Pondría Dios un impulso en tu corazón y luego se negaría a aceptar tu oración cuando actuaras en respuesta a ese impulso? ¿Llevaría una madre a un bebé hambriento a la mesa, le prepararía su comida y luego, cuando dejara escapar un gritito de felicidad y estirara la mano, la apartaría? ¿Diría ella: "No te portas bien. Así que no te lo mereces"?

Si el bebé tuviera tu inteligencia, es probable que se dijera a sí mismo: "Ya tengo ocho meses y, en verdad, no he ayudado a mi madre en nada. Me he comportado mal muchas veces. La he mantenido despierta toda la noche. Obviamente no soy bueno. No estoy haciendo ninguna contribución a la sociedad. ¿Por qué debería pensar que mi madre me va a dar de comer?".

Entre tanto, la madre le ruega al niño que coma, pero el bebé dice que no sirve de nada. Eso sí que sería humildad falsa. Por supuesto, ningún bebé tendría tanta inteligencia. Simplemente agarra lo que le pongan frente a él. Eso es exactamente lo que Dios quiere que hagas tú. Si Dios no hubiera puesto en tu corazón el querer su bendición, no la habrías querido.

Trabaja con él

El hecho de que estés listo para escuchar este tipo de mensaje indica que Dios tiene precedencia en tu vida. Por lo tanto, debes trabajar con él en cooperación armoniosa para que él pueda trabajar en ti, para ti y a través de ti.

La gente usa la palabra *fanático* cada vez que muestras tu alegría con el Señor. Dicen que eres un fanático. El diccionario dice que fanático es alguien que se apasiona demasiado con la religión, como si pudieras estar demasiado apasionado con eso. John Wesley dijo: "Fanático es el que busca sus intereses pero ignora los medios constituidos".

Supongamos que un chico granjero con sus pantalones azules, su camisa rasgada y un sombrero de paja quiere comer pescado. Su madre le dice: "¿Por qué no vas al río y pescas un par de truchas, hijo?". Entonces se dirige a un arroyo. Es un día hermoso, con el sol brillante y las vacas pastando bajo la sombra de los árboles. El chico arranca un arbusto y comienza a mordisquearlo, mientras camina a orilla del río. Entonces empieza a preguntarse acerca de esos peces que ve saltando en la corriente de agua. Y se dice a sí mismo: "Recuerdo que el pastor dijo que si queremos algo, oremos por ello". Él ve que los peces emergen a la superficie como si pidieran que los capturen. Pero él está ahí orando: "Señor, envíame pescado". Puede orar hasta que muera y nunca tendrá un pescado. El Señor puso inteligencia en su cabeza y le dio lo que llamamos medios constituidos. El joven granjero agarra una rama de un árbol, la ata con un trozo de cuerda común, le pone un alfiler doblado en el extremo y arroja el anzuelo con un gusano al arroyo. Los peces lo picarán.

¿Sería correcto que el granjero se mostrara piadoso y orara por los peces o que lanzara el anzuelo y sacara los peces? Todo el mundo sabe que si alguien se dirige a Dios todopoderoso, en voz alta, pidiendo pescado cuando los peces están saliendo a la superficie suplicando que los capturen, es porque algo anda mal. Es un fanático: está tratando de obtener un fin deseable, pero ignora los medios constituidos para ello.

Ahora supón que su padre asiste a la iglesia y el pastor enseña que si el creyente ora obtendrá lo que pida. Así que este feligrés quiere papas en primavera y dice: "Me gustaría tener una buena cosecha de papas este año. Realmente necesito eso". Así que, todos los días se arrodilla y ora por las papas, pero va pasando el tiempo en que se deben sembrar. De modo que tiene papas en el sótano de la casa esperando que las preparen para plantarlas. Es más, ya están brotando sus largas raíces en dirección a la luz del sol. Parece que las papas le están rogando al granjero que utilice los medios constituidos. Arar el campo. Prepararlo. Cortar las papas y plantarlas. Quitar las malas hierbas y luego volver para cosechar una gran cantidad de frutos. Estos son los medios constituidos.

Imagina que la mujer de la casa quiere unos patitos. Está antojada de un montón de patos. Le encantan, por eso quiere algunos. De rodillas ora por los patos día y noche. No emplea los medios constituidos para ello. La forma de conseguir patos es colocar unos huevos de pata fértiles y ponerlos debajo de una gallina o de una pata. En cuatro semanas, nacen.

Fines deseables, medios constituidos

Fanático es alguien que busca sus intereses pero ignora los medios constituidos, como ya lo afirmamos. Intentar salir de la rutina religiosa es un fin deseable. Es correcto y concuerda con la voluntad de Dios. Pero tratar de hacerlo de una manera que no esté en consonancia con los medios constituidos por Dios es incorrecto y no nos lleva a ninguna parte.

Cuando quieren ser bendecidas, algunas personas intentan animarse psicológicamente. Hay quienes, aun cuando no han estudiado psicología, son psicólogos destacados. Saben manipular al público, saber cuándo bajar la voz y cuándo subirla, cuándo hacer que luzca muy triste y todo lo demás. Saben cómo hacer que la gente adopte la actitud que ellos desean.

Una vez me senté a escuchar a un predicador y, justo enfrente de mí, estaba una mujer joven de unos 22 o 23 años. La única razón por la que me fijé en ella fue porque tenía puestos un par de zapatos transparentes. El expositor siguió predicando y nunca, que yo recuerde, dijo nada acerca del Señor. Pero nos contó todo sobre sus progenitores y cómo su padre se fue de casa, abandonó a su madre y el resto de su historia familiar.

Observé a la mujer, luego dirigí la vista al predicador y después la volví a ver. Al principio él no le prestó mucha atención, pero poco a poco la fue cautivando. Llegado el momento, el evangelista dijo con voz trémula que cada vez que estaba ante una audiencia como esa esperaba que su anciano padre estuviera allí. Fue entonces que la chica se desmoronó conmovida por el relato. Desde ese momento ella quedó atada al influjo del seductor evangelista. Sabía cómo manejarla psicológicamente. La conquistó a tal punto que ella haría cualquier cosa por él.

Algunos individuos usan dinámicas grupales deliberadas. Por ejemplo, un grupo de personas se sientan juntas y empiezan a hablar, a presentar temas interesantes, asuntos que les afectan o que les agradan y empiezan a tener comunión, hasta que al fin —mediante toda esa interacción— surge algún vínculo de espiritualidad.

Sin embargo, lo que se necesita es un poco de sentido común tradicional. Estoy seguro de que hay 189 mulas en el estado de Missouri que tienen más sentido común que muchos de los predicadores que intentan enseñar a la gente cómo obtener la bendición de Dios de otra manera que no sea por los medios constituidos por él.

Cuando tienes a la gente conmovida, frotándose los ojos y temblando, ¿cuál es el resultado? Eso no los acerca más a Dios. No hace que amen más a Dios, según el primer mandamiento. Tampoco salen de allí rebosantes de amor por el prójimo, que es el segundo mandamiento. Eso no los prepara para vivir fructíferamente en la tierra. No los alista para morir victoriosos, además de que eso no les garantiza que finalmente estarán con el Señor.

Los medios constituidos por el Señor

El Señor ha constituido los medios. Jesús dijo en el Evangelio de Juan: "¿Quién es el que me ama? El que hace suyos mis mandamientos y los obedece" (Juan 14:21a). Cualquiera puede entender eso, incluso un maestro de dinámica de grupo.

> El que me ama, será amado por mi Padre, y yo le amaré, y me manifestaré a él.
>
> Respondió Jesús y le dijo: Y al que me ama, mi Padre lo amará, y yo también lo amaré y me manifestaré a él. Le contestó Jesús:
>
> —El que me ama, obedecerá mi palabra, y mi Padre lo amará, y haremos nuestra morada en él. El que no me ama, no obedece mis palabras. Pero estas palabras que ustedes oyen no son mías, sino del Padre, que me envió (14:21b, 23-24).

Lo que nuestro Señor enseñó fue esto: cuando obedecemos las palabras de Jesús, con fe y amor mostrando que lo amamos, él se manifiesta ante nosotros. Hay dos sujetos actuando aquí: *nosotros* y *él*. Cuando *obedecemos* su Palabra *demostramos* que lo *amamos*, y *él* se nos manifiesta. ¿Quién es este él del que estoy hablando? Jesucristo nuestro Señor. Hay, entonces, dos medios divinamente constituidos: la fe —la clase correcta de fe, en nuestro Señor Jesucristo— y la obediencia a su Palabra. Jesús dijo: "No se angustien. Confíen en Dios, y confíen también en mí" (Juan 14:1).

La fe en Jesucristo, el tipo correcto de fe, el único tipo de fe que importa, es un compromiso irrevocable y total con la Persona de Jesucristo mismo. No se puede volver atrás y, si es total, no hay nada que no esté incluido. La fe en Jesús no es tragar saliva dos veces y decir: "Acepto a Jesús". Es entrar en un estado en el que te has comprometido totalmente con el Señor Jesucristo. Es un compromiso irrevocable con la Persona de Jesucristo.

La fe en Jesús no es un compromiso con tu iglesia o tu denominación. Creo en la iglesia local; no soy de los cristianos que no asisten a ella. Creo en la asamblea divina. Debemos darnos cuenta de que somos, como grupo de cristianos, una asamblea divina, una célula del cuerpo de Cristo cuya vida es la misma del Señor. Pero ni por un segundo trataría de crear en ti una fe que te lleve a comprometerte irrevocablemente con una iglesia local o con los líderes de tu congregación.

A ti no se te pide que sigas a los líderes de tu iglesia. No se te pide que abras tu inocente boquita, como si fueras un pajarillo en su nido, y que simplemente tomes cualquier cosa que se te dé. Si lo que te doy no es alimento bíblico, vomita y no tengas miedo de hacerlo. Llámame, o ven a verme, o escríbeme un anónimo. Pero haz algo al respecto. No te tragues todo lo que tus líderes te den. Aquí está el libro, la Biblia: sumérgete en ella.

La fe es fe en Jesucristo, el Hijo de Dios. Es fe total en Cristo, no en una denominación o iglesia; aunque ames a tu congregación, aunque respetes y ames a tus líderes y a tu denominación, tu verdadero compromiso es con Cristo.

La obediencia comprueba nuestro amor

La obediencia a Cristo comprueba que lo amamos y, en retribución, él se nos revela. Es probable que digas: "Los mandamientos son tantos que ¿cómo puedo obedecerlos todos? ¿Cómo puedo recordarlos todos y estar seguro de que estoy obedeciendo?". Podemos hacerlo con fe y amor. Luego, cuando su enseñanza conmueva tu vida, ajústate a ella. Hay algunas enseñanzas del Señor Jesucristo a las que nunca te adherirás porque crees que no te son pertinentes. Eso no te afecta al momento pero, tan pronto como toquen algún área de tu vida, entonces obedeces automáticamente de manera tierna y silenciosa.

Un hombre estaba testificando de que estuvo naufragando y cuando oró el Señor lo liberó. Un querido anciano cristiano fue a su casa, se arrodilló y lloró ante el Señor. "Dios", dijo, "nunca me salvaste del naufragio". Y el Señor dijo: "Hijo, ¿has estado alguna vez en el mar?". El hombre respondió: "No". Por supuesto que no se puede salvar del naufragio a un hombre que nunca ha estado en alta mar. Hay cosas que no te afectan pero, en el momento en que lo hagan, obedece al instante.

Por ejemplo, la Biblia dice: "Esposas, sométanse a sus propios esposos como al Señor" (Efesios 5:22). Si no tienes marido, ¿por qué te preocupas por esa instrucción? Pero si alguna vez las palabras de nuestro Señor Jesucristo tocan tu vida, instantáneamente, porque estás comprometido, obedece con alegría y en silencio, y haz lo que se te diga. Él dijo que esa es tu parte, la de él es revelarse a ti y sacarte de la rutina. Veamos algunos ejemplos de Lucas a continuación.

Mientras tanto, se habían reunido millares de personas, tantas que se atropellaban unas a otras. Jesús comenzó a hablar, dirigiéndose primero a sus discípulos: "Cuídense de la levadura de los fariseos, o sea, de la hipocresía. No hay nada encubierto que no llegue a revelarse, ni nada escondido que no llegue a conocerse. Así que todo lo que ustedes han dicho en la oscuridad se dará a conocer a plena luz, y lo que han susurrado a puerta cerrada se proclamará desde las azoteas" (12:1-3).

Esto nos enseña que debemos ser lo más sinceros y transparentes posible. No debe haber secretismo, ni actitud defensiva, sino franqueza y candidez. Esa es la enseñanza de Jesús. En vez de arrodillarte y orar: "Oh Señor, dame esas almas", sal a evangelizar y gánatelas. Obedece al Señor. Haz lo que te dice. Utiliza los medios constituidos. Sé sincero; desecha esa actitud defensiva cuidadosamente cultivada. No tengas miedo. No eres tan malo. No tienes que temer que la gente sepa quién eres y qué eres. Sincérate, por así decirlo, y sé tú mismo.

Conviértete en niño

El Señor dijo que nos hiciéramos niños. Que actuáramos como niños, con candidez, ingenuidad. Si todos fuéramos niños, qué hermoso sería. Podrías acercarte a un hombre y estrecharle la mano sin preguntarte: "¿Sé suficiente judo por si acaso me ataca?" Él no te haría daño. Los cristianos no van a lastimar a nadie, así que deja las elucubraciones y sé perfectamente sincero. Este es un pasaje que puedes practicar sin importar quién seas o dónde estés. Te afecta directamente. Ese mensaje es para ti.

> Les aseguro que a cualquiera que me reconozca delante de la gente, también el Hijo del hombre lo reconocerá delante de los ángeles de Dios (12:8).

Este pasaje nos dice que debemos testificar y dar testimonio, acerca de nuestro Señor Jesús, con denuedo. Si algunos de ustedes comenzaran a testificar en silencio, ahí donde trabajan, verían que se avecina un cambio. La Palabra de Dios dice: "El que hace suyos mis mandamientos y los obedece ... yo [Jesús] también lo amaré y me manifestaré a él" (Juan 14:21).

Saldrás de la rutina cuando el Señor empiece a revelárselo. Pero preferirías irte a alguna parte para arrodillarte y orar. Ahora bien, orar es correcto: lo he enseñado, predicado y practicado desde que me convertí. Pero no trates de orar por algo que el Señor te está diciendo que hagas. Haz lo que se te diga y el Señor estará bien contigo. Entonces, en vez de rogar, puedes alabar.

> [Jesús] advirtió a la gente: Absténganse de toda avaricia; la vida de una persona no depende de la abundancia de sus bienes.
>
> —Lucas 12:15

Jesús cuenta la historia del avaro que perdió su alma. Así que no seas codicioso, sé generoso. No seas tacaño, sé dadivoso con tu dinero. No temas, agradece al Señor, confía en él y deja el miedo. Estos son ejemplos de los medios constituidos por Dios para nosotros: fe y obediencia. Esos medios son para que los usemos y para que no busquemos otros que nos parezcan adecuados.

Cantamos himnos y canciones sin percatarnos del mensaje que trasmiten. Por ejemplo, cantamos el himno titulado "Puedo oír tu voz llamando", que dice:

Puedo oír la voz de Cristo,
Tiernamente está llamando,
Puedo oír el llamamiento:
Trae tu cruz y ven en pos de mí.

Seguiré do tú me guíes,
Seguiré do tú me guíes,
Salvador, seguirte quiero,
Dondequiera fiel se seguiré.

Cantamos eso por rutina, sin discernir el mensaje que plasmó el compositor en sus letras. Pero lo hemos cantado durante tanto tiempo y de manera tan inconsciente que no sabemos lo que estamos cantando.

Es lamentable, pero en las iglesias actualmente hay muchas personas —incluidos algunos de nosotros mismos— que todo lo que hacen es por rutina. Podríamos decir que es una tradición espiritual, pero tradición al fin. Nada de lo que hacen motiva a llevar una vida cristiana victoriosa de verdad. Se ha perdido el impulso del Espíritu Santo. Algunas congregaciones tratan de lidiar con eso arreglando la situación con todo tipo de insensateces para que algunas de las pobres personas medio muertas vuelvan a cobrar vida. Pero todo ello es en vano. La rutina mata hasta al más vivo.

Sin embargo, amado cristiano, tenemos a Dios. Tenemos a Cristo. Tenemos al Espíritu Santo. Tenemos la verdad. Tenemos un mundo que necesita ayuda. Tenemos a los santos y tenemos el poder de la oración. Tenemos el gozo de la obediencia y tenemos la dulce maravilla de su presencia. Tenemos la alegría del canto cristiano. Tenemos todo eso. Por tanto, no necesitamos la basura del mundo. Tenemos a Dios. Todo lo que tenemos que hacer es confiar en su Hijo Jesucristo, en el Santo Espíritu y obedecer la verdad. Cuando hagamos eso, el Señor se manifestará, se revelará a sí mismo, y veremos una iglesia triunfante que sale de la rutina a predicar a un Cristo vivo.

CAPÍTULO 6

CÓMO TRATAR CON LOS PROBLEMAS ESPIRITUALES

Al recordarte de día y de noche en mis oraciones, siempre doy gracias a Dios, a quien sirvo con una conciencia limpia como lo hicieron mis antepasados. Y, al acordarme de tus lágrimas, anhelo verte para llenarme de alegría. Traigo a la memoria tu fe sincera, la cual animó primero a tu abuela Loida y a tu madre Eunice, y ahora te anima a ti. De eso estoy convencido. Por eso te recomiendo que avives la llama del don de Dios que recibiste cuando te impuse las manos. Pues Dios no nos ha dado un espíritu de timidez, sino de poder, de amor y de dominio propio. Así que no te avergüences de dar testimonio de nuestro Señor, ni tampoco de mí, que por su causa soy prisionero. Al contrario, tú también, con el poder de Dios, debes soportar sufrimientos por el evangelio.

—2 Timoteo 1:3-8

E ste pasaje contiene un ejemplo clásico de un hombre que, si no estaba ya en la rutina, ciertamente estaba en peligro de caer en ella. El viejo soldado, Pablo, estaba a punto de jubilarse; es decir, el Señor estaba a punto de llevarlo a casa, a la gloria. Sin embargo, antes de partir le escribió una carta a su fiel compañero de ministerio, mucho más joven que él, pero un tipo noble. Timoteo era un individuo lleno de fe, fue criado en una familia en la que la creencia en Dios era muy fuerte. Se había probado a sí mismo en múltiples maneras trabajando con el gran Pablo.

No obstante hasta Timoteo, que se mantenía muy ocupado en su trabajo en la obra del Señor, estaba en peligro de caer en la rutina. De lo contrario, Pablo no le habría recomendado que "avivara la llama del don de Dios".

En las Escrituras, Dios nunca usa palabras vanas. Nunca le dice a una persona que está completamente despierta: "¡Levántate!". Ni a otra que está acostada: "¡Acuéstate!". Nunca le dice a alguien que está de pie: "¡Párate!". Ni le dice a una persona que es dinámica: "¡Avívate!". Dios nunca desperdicia sus palabras ni pronuncia pequeños discursos a petición de alguien. Pablo tampoco desperdiciaba palabras ni daba charlas convenientes en cualquier lugar. "Por eso [dijo] te recomiendo que avives la llama del don de Dios que recibiste cuando te impuse las manos" (1:6). El apóstol lo dijo porque Timoteo necesitaba oír eso o no habría sido escrito.

La evidencia es que Timoteo, a pesar de ser un hombre fiel y trabajador, estaba en peligro de caer en la rutina. Pablo dijo, en efecto, "No te avergüences de la cruz".

Es posible que te golpeen tanto que quedes adolorido. Ante algo así, puedes sonreír y alabar al Señor y decir: "Jesús, he tomado mi cruz", por un rato. Pero entonces el enemigo cambia de estrategia y te golpea lentamente hasta que sientes que te adormeces y caes en una especie de rutina en la que no puedes defenderte.

Timoteo había estado con Pablo por mucho tiempo, pero —la mayor parte de este— el apóstol había enfrentado muchos problemas. Timoteo confrontaba el mismo conflicto, y Pablo había notado como que estaba un poco tentado a avergonzarse de la cruz. En esencia, Pablo estaba diciendo: "Así que no te avergüences de dar testimonio de nuestro Señor, ni tampoco de mí, que por su causa soy prisionero. Al contrario, tú también, con el poder de Dios, debes soportar sufrimientos por el evangelio". Es como si pudiera haber detectado en el joven una pequeña tentación a retroceder un poco ante la dura vida a la que fue llamado.

Pablo sabía que Timoteo era básicamente un hombre sano. Sabía que Timoteo había sido criado en un hogar cristiano. Mencionó a la abuela del joven, Loida, y a su madre, Eunice. La abuela y la madre eran cristianas, creyentes fieles. El joven Timoteo había aprendido y se había convertido en cristiano a temprana edad. Pablo sabía que básicamente era un chico sano. Pero temía que la presión de las circunstancias y el aburrimiento de estar siempre en la minoría pusieran a Timoteo en peligro de estancarse.

Un renacimiento personal

Es probable que estés ante un escenario mortal, pero debes saber que hay vida detrás de eso. Hay algo que se llama renacimiento, es decir, un avivamiento personal. La mejor ilustración es cuando llega la primavera a la granja. La nieve persiste durante todo el invierno y, en algunos lugares, no verás el suelo hasta que llega la primavera. Todo parece completamente muerto, pero sabes que la vida sigue ahí. Los árboles se ven secos, rígidos, como muertos, pero hay vida en ellos. Las raíces que yacen en la tierra están tranquilas, tienen vida en las profundidades. Justo debajo de la línea de congelación están los gusanos, los insectos, los ratones, los topos y las ardillas. Todos esos seres vivos están ahí. Hay vida ahí abajo. Todos están esperando algo, escuchando a la madre naturaleza decir: "Aviva el don de Dios, que está en ti".

Al llegar la primavera la nieve se va. Las hojas de los árboles comienzan a retoñar. Las codornices empiezan a silbar su canto alegre en el lado soleado de la colina. El ganado empieza a moverse y a correr por los campos. Eso es primavera. Muy pronto toda la nieve se ha ido, nacen los terneros y los corderos están a punto, y empezamos de nuevo. Gracias a Dios, es todo nuevo.

En la vida cristiana hay algo así como pasar un invierno crudo bajo el agua y la nieve. En otras palabras, algo te sucede, poco a poco, hasta que te cubres de nieve y te congelas. Hay vida abajo, aunque estés cubierto por la escarcha y el hielo. La vida puede estar escondida, pero está allí, en alguna parte.

Es posible que pasemos por experiencias espirituales que puedan despertarnos, lo que equivaldría espiritualmente a una primavera en el prado. Lo he visto suceder, pero me gustaría mucho más ver ocurrir eso en estos tiempos.

La ilustración del prado y el invierno, como todas las ilustraciones, es insuficiente. No es posible establecer una comunicación verbal con los campos.

Nunca has oído hablar de un granjero que, en febrero, se pare sobre el tocón de un árbol y les gire instrucciones a sus campos. Y no se hace algo así por la siguiente razón: porque esas criaturas no tienen percepción moral ni voluntad propia. Dependen de la posición del sol. No pueden hacer nada acerca de su condición.

Tenemos que actuar

Sin embargo, nosotros si podemos hacer algo con nuestra condición. Podemos vivir algo equivalente a la primavera y el prado en el aspecto espiritual, pero tenemos que actuar. El árbol espera e incluso los animales tienen que esperar. Pero tú y yo, hechos a la imagen de Dios y con voluntad propia, podemos hacer algo al respecto. Podemos apelar directamente a nuestros corazones. No necesitamos mentir como un campo cubierto de nieve. Podemos animarnos. Podemos correr para encontrarnos con el sol. Podemos crear nuestra propia coyuntura, porque el trabajo no es con el prado y la hierba, sino con nuestros propios corazones. Estas otras cosas solo ilustran la primavera espiritual. Podemos animarnos. Podemos aprovechar el sol y entrar en la primavera.

¿Cómo hacemos que eso suceda? Primero, debe empezar por el individuo. No tengo fe en nada de lo que le suceda a una iglesia que no le ocurra primero al individuo. Si no afecta al individuo, a un número de individuos, si es solo una especie de trasfondo social que afecta a todos momentáneamente, no tengo ninguna fe en ello.

David estableció el patrón para nosotros. David confesó y se arrepintió. Charles Spurgeon predicaba sobre el arrepentimiento semana tras semana, cuando alguien se le acercó y le dijo: "¿Cuándo va a dejar de predicar sobre el arrepentimiento, pastor?". A lo que Spurgeon respondió: "Cuando te arrepientas". Cuando hablamos de confesión y arrepentimiento, seguimos hablando de ello hasta que ha surtido su efecto o sabemos que no tendrá ninguno. Parafraseando las palabras del Señor en tal situación, podríamos decir: "Quítate el polvo de los pies y busca un lugar donde te escuchen". Tengo mejores esperanzas para ti. Creo que escucharás.

Charles Finney fue un conocido predicador del siglo dieci-
nueve. No todos estamos de acuerdo con todo lo que enseñó,
pero sí creemos que fue uno de los grandes hombres de Dios,
quizás uno de los más grandes evangelistas que jamás haya
existido desde el apóstol Pablo. Finney dijo que había momen-
tos o períodos ocasionales en los que entraba en una rutina y,
definitivamente, sentía una disminución del poder en su vida.
Cuando eso sucedía, Finney decía: "Me tomaré un tiempo
libre y esperaré en Dios —en ayuno y oración— hasta que sea
restaurado". Esa es la forma anticuada de hacerlo y parece ser
la manera en que lo hacía David. Los salmos estaban humede-
cidos con las lágrimas salobres de David cuando confesaba sus
pecados a Dios, se arrepentía, aceptaba el perdón para seguir
su camino feliz.

El método de la libreta y el lápiz

Prueba lo que yo llamo el método de la libreta y el lápiz. Es
muy sencillo y consiste en ponerte de rodillas con tu Biblia, un
bloc de papel y un lápiz. Lee la Biblia y luego escribe lo que
pienses o lo que sientas. La única forma de permanecer bien
en lo espiritual es cuidándote a ti mismo. El método del bloc
y el lápiz es bueno. Lee, por ejemplo, el Sermón del Monte.
Cuando el Espíritu Santo diga: "Tú eres ese tipo de persona",
escríbelo. Sigue leyendo. Cuando el Espíritu Santo diga que
estás equivocado aquí o allá, escríbelo. Luego, deja tu Biblia a
un lado y repasa tu lista ante Dios en confesión y promete que
nunca más te sorprenderán en esa equivocación. Comunícate
con tu propio corazón, quédate quieto y pregúntate —como
preguntan los médicos— con tu Biblia abierta ante ti.

Descubrirás que esto traerá la luz del sol a tu vida y tendrás la primavera en tu corazón. Cuando te presentes ante

Dios y te des cuenta de que ha habido un poco de nieve en el suelo de tu ser, que el canto alegre de los pájaros no se escucha y que el dulce olor de las flores no está dentro de ti, comienza a cuestionarte ante Dios con la Biblia abierta. Los síntomas ya los conoces, pero trata de llegar a las causas. Si eres evasivo con Dios, entonces no habrá ayuda. Si eres evasivo contigo mismo, si racionalizas tus debilidades, no obtendrás ayuda.

Haz algunas preguntas

A continuación te sugiero algunas preguntas para que te las formules. Así que, en silencio, cuestiónate: "¿Soy siempre veraz y sincero? ¿Acaso finjo que soy cristiano? ¿Creo que la raíz del asunto yace en mí? ¿Está la semilla de Dios en mi corazón? ¿Creo que soy hijo del Señor, pero no estoy satisfecho con la rutina en la que vivo? ¿Soy siempre sincero por teléfono? ¿Soy siempre franco con mis acreedores, con mis patrones, con mis empleados y en todos los contratos y contactos sociales?". Luego, encomiéndate a Dios y ruégale. Señor, ayúdame a ser franco cuando responda.

Alguien puede decir: "¿Cuál es la diferencia?". La deshonestidad y manipular la verdad son pecados que entristecen al Espíritu Santo y generan un invierno en tu ser. El invierno de tu descontento puede estar sobre ti y así, como la vida en un árbol sin hojas, la tuya está enterrada en lo profundo de tu aparente sequedad. Es posible que hayas ofendido al Espíritu Santo por alguna falsedad. Una de las primeras cosas que los cristianos tienen que hacer es ser sinceros con Dios y veraces en todo lo que digan.

Otra pregunta que debes hacerte es: "¿Tengo algún hábito que me avergüence ante los demás? ¿Tengo alguna costumbre que me abochorne? ¿Oculto algo cuando estoy con el pastor?

Si en la iglesia se supiera todo acerca de cómo viví, ¿podría volver a ella?". Puedes evadir esto, manipularlo y responder con evasivas, pero —muy pronto— la nieve se precipitará sobre tu corazón. Si le respondes a Dios sinceramente y pones manos a la obra para deshacerte de todo lo malo y limpiarlo, la primavera llegará al fin a ti.

Luego pregúntate: "¿Es limpio mi discurso?". Una de las cosas más repugnantes en la iglesia es el cristiano de boca sucia que siempre camina al borde del abismo que representa el mundo perdido. No hay lugar para historias ni conversaciones que avergüencen a algunas personas, como tampoco lo hay para hablar sobre el sexo o el cuerpo humano —de manera vulgar— si tu mente está limpia.

Cierta vez hubo una reunión de oficiales en la que George Washington estaba presente. A uno de los jóvenes oficiales se le ocurrió contar una historia sucia que recordó, por lo que a su rostro afloró una sarcástica sonrisa. Miró a su alrededor y entonces dijo: "Quiero contar una historia. Supongo que no hay damas presentes". Washington se enderezó y dijo: "No, joven, pero hay caballeros". El joven oficial cerró la boca y mantuvo la sucia historia dentro de su sucia cabeza y su corazón.

Cualquier cosa que no puedas contar si Jesús está presente, no la cuentes. O si crees que no puedes reírte por algo en presencia de Jesús, no te rías.

Formúlate otra pregunta. "¿Estoy usando mi dinero sabiamente? ¿Estoy empleándolo para bendecir a la gente? ¿Estoy usando mi dinero para ayudar a encontrar la oveja perdida? ¿Estoy empleándolo para ayudar a alimentar a los niños hambrientos?".

Veamos otra pregunta más: "¿Difundo chismes sobre alguna persona? ¿He sido un alborotador?". Algunas personas son portadoras de enfermedades de las que no padecen. Llevan el virus de la enfermedad, pero no están enfermos, solo son portadores. Hay algunos cristianos que son portadores. Pueden decir "amén" con los mejores y pueden cantar "Más cerca de ti, Señor" con los más fuertes, pero no pasa mucho tiempo hasta que las sospechas comienzan a entrar en la mente de otros cristianos. Son alborotadores y portadores de problemas.

Por tanto, "¿He juzgado a otros cristianos?". Tu estancada condición actual puede ser a causa de un juicio divino, pero debes saber que así como juzgas a los demás, serás juzgado por Dios. Tu actual condición paralizada o estancada puede deberse a que hayas juzgado a alguien más o menos estancado que tú y el Señor permitió que eso se volviera contra ti.

"¿O será que tengo una mentalidad carnal en vez de una espiritual? ¿Dónde o a qué tienden a desviarse mis pensamientos? ¿Qué pienso? ¿Son mis pensamientos puros y compasivos?". Si puedes averiguar lo que te preocupa, sabrás qué clase de cristiano eres y qué tipo de corazón tienes. Siempre cavilamos sobre cosas que amamos y también meditamos en aquellas a las que odiamos, si es que le guardamos rencor a alguien.

Otra pregunta podría ser: "¿Soy fiel en la oración?". Es posible que respondas: "Bueno, estoy ocupado". Sí, estás ocupado. Así estuvo el Señor Jesús. Así estuvo Martín Lutero. Este último, por ejemplo, dijo: "Por la mañana tengo tanto trabajo que voy a tener que orar más hoy". ¿Eres fiel en la oración y meditas en la Palabra? ¿Cuánto de las Escrituras has leído últimamente? ¿La has leído meditando en lo que lees y con amor?

Estas son algunas preguntas. Puedes responderlas evasivamente y la nieve ha de quedarse ahí. O puedes responderlas francamente y has de ver llegar la primavera a tu corazón.

Así que ponte en manos de aquel que te ama infinitamente. Si le has fallado, tendrás que admitir que hay invierno o nieve sobre el prado. Díselo así, no lo ocultes. Él no te dará la espalda con ira ni te dirá: "Me decepcionaste. Siento que me traicionaste". Al contrario, hay un bálsamo en Galaad, en abundancia. El bálsamo y la sanidad que yace en la sangre del Cordero te sacarán de la rutina y el estancamiento.

CAPÍTULO 7

TRES LEYES ESPIRITUALES

Por lo tanto, hermanos, tomando en cuenta la
misericordia de Dios, les ruego que cada uno de ustedes,
en adoración espiritual, ofrezca su cuerpo como sacrificio
vivo, santo y agradable a Dios. No se amolden al
mundo actual, sino sean transformados mediante la
renovación de su mente. Así podrán comprobar cuál
es la voluntad de Dios, buena, agradable y perfecta.

—Romanos 12:1-2

L a Biblia dice que debemos presentar nuestros cuerpos "como sacrificio vivo, santo y agradable a Dios". Por supuesto, al entregar tu cuerpo das todo lo que este contiene. Eso significa darse íntegramente a Dios y la idea de rendirse por completo a Dios implica tres leyes.

La primera es la ley de la *rendición*. Si no te rindes, será totalmente imposible que el Señor haga algo por ti. Los médicos tienen que contar con que sus pacientes se entreguen completamente a ellos. Si yo voy ante un cirujano y le insisto en que le debo decir cómo hacer su trabajo y no solo eso sino que me quedo despierto como para supervisarlo, el galeno no podría trabajar. Sería imposible. Los cirujanos deben poner a sus pacientes a dormir para que no presenten resistencia, para que estén en un estado de rendición absoluta. Esa es la ley de la rendición.

Una descripción más hermosa y bíblica de la rendición reside en la historia del alfarero y el barro o arcilla, que ilustra aún más dicha ley. El material con el que trabaja el alfarero es arcilla, blanda y moldeable. Si la arcilla está endurecida y no es maleable —es decir, no se rinde— el alfarero no puede hacer nada con ella. Si tiene algunos puntos grumosos, duros o poco dúctiles, aunque el alfarero sea un genio en la fabricación de vasijas, no podrá hacer nada útil y hermoso a partir de una masa de barro rígida. Es posible que un objeto sea útil pero no hermoso, como un contenedor de basura. También es completamente posible ser bello y no útil, como el lirio. El lirio no tiene una función más que adornar.

Es posible tener una vasija que sea útil aunque no muy bonita. Las antiguas vasijas de crema de leche que había en nuestra casa en la granja eran muy útiles. Podrías verter la leche en ellas, esperar a que subiera la nata y desnatarla. No eran hermosas, pero eran vasijas bastante útiles. Todo el mundo tiene en su casa adornos hermosos absolutamente inútiles, simplemente para disfrutar de su belleza. Pero Dios quiere que sus vasijas sean tanto útiles como hermosas. Sin embargo, si Dios va a hacer de nosotros ese tipo de vasos, vamos a tener que ceder a la ley de la rendición. Entrégate a Dios como sacrificio vivo y deja que él haga de ti lo que quiera.

La ley de la concentración

Luego está la ley de la concentración. El secreto de toda persona exitosa es la manera en que se concentra. El músico, por ejemplo. La mayoría de los músicos son mediocres porque no tienen tiempo para concentrarse. Es posible que tengan una habilidad muy buena y no la sacan a relucir porque otras cosas absorben su tiempo. Pero un excelente músico debe estudiar y practicar cinco o más horas al día. Debe entregarse por completo a su tarea y concentrarse en ella.

Otro ejemplo, el atleta. La persona promedio va a un picnic y juega béisbol o volibol una o dos veces al año. Pero eso no es ser atleta.

Los atletas son personas que viven para los deportes todo el tiempo. Juegan con sus equipos durante la temporada, pero al terminar esta se dedican a la caza y la pesca, corren, hacen largas caminatas y se mantienen en forma. Siempre tienen que reforzar esos brazos, esas manos, esos bíceps. Siempre están haciendo ejercicio. No se detienen a deleitarse en la comida. No dicen: "Dame dos porciones más de pastel con crema batida" o "Voy a dormir un par de días". No, no hacen eso nunca. Su principal preocupación es mantener los músculos en forma. Ellos practican la ley de la concentración. Tienen que concentrarse en lo que hacen. Si no lo hacen, solo serán atletas mediocres. No se destacarán en su disciplina

Lo mismo sucede con los científicos. A veces la gente piensa que los científicos son algo raros porque se entregan por completo a sus investigaciones. Thomas Edison dormía solo cuatro horas por noche, ya que estaba totalmente entregado a sus inventos y sus proyectos. Solo vivía para eso, para nada más. El resultado fue que inventó cosas tan importantes que aun hoy benefician al ser humano. Esa es la ley de la concentración.

Los músicos, atletas y científicos pueden hacer otras cosas, pero solo tienen una a la que se consagran por completo.

La ley de la fascinación

En tercer lugar, está la ley de la *fascinación*. Esto es un poco más difícil de entender, pero es igual de real. La fascinación, según el diccionario, es estar hechizado por algún encanto irresistible. Si algo no nos fascina, podemos tomarlo o dejarlo. Es como las exposiciones de arte. Algunos deliran por ir a una de ellas. Hay otras personas que piensan mucho en ir o no a una de ellas. En mi caso particular, iría si alguien me invita; pero no es que me fascinen. No me siento atraído por el arte como si fuera un encanto al que no puedo resistirme. Pero en el reino de Dios existe la ley de la fascinación, la ley del encanto irresistible. Los cristianos que no conocen esa ley nunca serán otra cosa que creyentes promedio toda su vida. Siempre estarán en la rutina.

La ley de la fascinación, tal como se ve en el mundo, es a menudo una tragedia personal. Estar fascinado por algo malvado, vil o indigno puede ser una aventura terrible.

Por ejemplo, algunas jóvenes pueden estar decididas a convertirse en estrellas de cine. Empiezan a los trece años a depilarse las cejas, a pintarse y a pararse frente a sus espejos tratando de parecerse a la modelo más famosa del momento. Supongo que todas las chicas pasan por una fase en la que quieren ser algo que nunca serán, pero no seamos demasiado duros con ellas. El caso es que si no lo logran, y si comienzan a querer eso tanto que se venden por ese sueño, pueden concentrarse en ello al punto que la fascinación las lleve a considerar a sus padres como unos viejos tontos. Así que se van de casa, como hacen muchos, y se internan en la gran ciudad decididas a ver sus nombres en las carteleras principales de los teatros. No obstante, eso puede ser una gran maldición.

Por otro lado, muchos hombres quieren ser ricos. El hombre de negocios promedio quiere ganar suficiente dinero para mantener cómoda a su familia y tener algo de reserva para los tiempos borrascosos. Podemos entender ese deseo. John Wesley solía decir: "Haz todo lo que puedas para poder dar todo lo que puedas". Wesley quería que su gente trabajara duro y ganara mucho dinero para que pudieran usarlo en la obra del Señor. Esa puede ser una razón loable para hacer tanto como sea posible. Pero ha habido hombres que se han enamorado tanto del oro que se venden en el mercado, venden sus corazones y sus almas para ser ricos.

La criatura más horrible del mundo es el jugador de juegos de azar. Este se enamora del juego, está completamente fascinado por él. La fascinación puede llevar a la incapacidad de escapar de una persona, atrapada por el encanto perverso que tienen las cosas malas.

Nuestro Señor sabe eso, por lo que dice: "Vengan a mí todos ustedes que están cansados y agobiados, y yo les daré descanso. Carguen con mi yugo y aprendan de mí, pues yo soy apacible y humilde de corazón, y encontrarán descanso para su alma" (Mateo 11:28-29). En efecto lo que él afirma es lo siguiente: "Vengan a mí y fascínense conmigo. Concéntrense en mí, entréguense a mí a tal punto que puedan darme todo".

¿Quién tiene derecho a decir eso? ¿Quién tiene derecho a hablar así? Aquellos que lo conocieron mejor tratan de decírnoslo. Supongo que no lo han logrado muy bien, a pesar de que las Escrituras son inspiradas. Estoy bastante seguro de que no nos dicen todo lo que se puede saber acerca de Dios. Solo nos cuentan lo que pueden. Debido a que esos hombres inspirados eran humanos y aquellos a quienes escribieron también lo eran, había imperfección y limitación tanto en los inspirados como en los que leían las palabras inspiradas. Dios no dijo todo lo que podía acerca de sí mismo. Estoy seguro de que los arcángeles que arden ante el trono divino podrían decirnos más acerca de Dios de lo que sabemos, aunque tenemos una Biblia inspirada que nos informa. Sin embargo, aquellos que lo conocían mejor trataron de decírnoslo.

Moisés nos llevó de vuelta al principio de todo lo que vemos, todo lo que llamamos universo. Nos llevó antes de que existieran las estrellas y la luna, antes de que existiera el espacio y antes de que existiera el tiempo, y dijo: "Dios, en el principio, creó los cielos y la tierra" (Génesis 1:1). Entonces Moisés dijo que aquel que nos llama a sí mismo tiene derecho a hacerlo porque él es anterior al tiempo, él trasciende el espacio, él llena su universo y él es Dios.

El salmista también escribió lo que sabía.

> ¡Alaba, alma mía, al Señor!
> Señor mi Dios, tú eres grandioso;
>> te has revestido de gloria y majestad.
> Te cubres de luz como con un manto;
>> extiendes los cielos como un velo.
> Afirmas sobre las aguas tus altos aposentos
>> y haces de las nubes tus carros de guerra.
>> ¡Tú cabalgas en las alas del viento!
> Haces de los vientos tus mensajeros,
>> y de las llamas de fuego tus servidores.
> Tú pusiste la tierra sobre sus cimientos,
>> y de allí jamás se moverá;
> la revestiste con el mar (Salmos 104:1-6a).

David, en el Salmo 103, mostró que este Dios no solo hace montañas, colinas, ríos y arroyos, que cabalga sobre las alas de las nubes, sino que ama a su pueblo. "Tan grande es su amor por los que le temen como alto es el cielo sobre la tierra" (v. 11). "Pero el amor del Señor es eterno y siempre está con los que le temen; su justicia está con los hijos de sus hijos, con los que cumplen su pacto y se acuerdan de sus preceptos para ponerlos por obra" (vv. 17-18). David trató de impartir lo incomunicable, intentó declarar lo que no se puede decir de la maravilla de Dios.

Isaías preguntó quién podría compararse con Dios.

> ¿Quién ha medido las aguas con la palma de su mano, y abarcado entre sus dedos la extensión de los cielos? ¿Quién metió en una medida el polvo de la tierra? ¿Quién pesó en una balanza las montañas y los cerros? ¿Quién puede medir el alcance del espíritu del Señor, o quién puede servirle de consejero? ¿A quién consultó el Señor para ilustrarse, y quién le enseñó el camino de la justicia? ¿Quién le impartió conocimiento o le hizo conocer la senda de la inteligencia?
>
> —Isaías 40:12-14

En el Nuevo Testamento, Juan trató de hablarnos de Dios. "En el principio ya existía el Verbo, y el Verbo estaba con Dios, y el Verbo era Dios" (1:1). "Y el Verbo se hizo hombre y habitó entre nosotros. Y hemos contemplado su gloria, la gloria que corresponde al Hijo unigénito del Padre, lleno de gracia y de verdad" (1:14). Juan el Místico trató de decirnos cuán grande es Dios.

El apóstol Pablo también nos dio una idea acerca de quién es Dios.

> Toda la plenitud de la divinidad habita en forma corporal en Cristo; y en él, que es la cabeza de todo poder y autoridad, ustedes han recibido esa plenitud.
>
> —Colosenses 2:9-10

Desarmó a los poderes y a las potestades, y por medio de Cristo los humilló en público al exhibirlos en su desfile triunfal. Así que nadie los juzgue a ustedes por lo que comen o beben, o con respecto a días de fiesta religiosa, de luna nueva o de reposo. Todo esto es una sombra de las cosas que están por venir; la realidad se halla en Cristo (2:15-17).

¿Por qué les estoy dando todos estos pasajes de las Escrituras? Porque quiero decirles quién es el que dice: "Por lo tanto, hermanos, tomando en cuenta la misericordia de Dios, les ruego que cada uno de ustedes, en adoración espiritual, ofrezca su cuerpo como sacrificio vivo, santo y agradable a Dios" (Romanos 12:1). De modo que "toma tu cruz y sígueme. Entrégate por completo a mí. Ríndete ante mí. Concéntrate en mí y aprende a estar fascinado por mí". Él es el único que puede decir eso.

Solo hay un Hombre en quien podemos confiar y seguir. Ese Hombre es Jesucristo. ¿Por qué es diferente de cualquier otra persona? ¿Por qué me niego a seguir a otras personas y, sin embargo, sigo a este Hombre? De ninguna otra persona se puede decir: "En el principio ya existía el Verbo, y el Verbo estaba con Dios, y el Verbo era Dios" (Juan 1:1). "Y el Verbo se hizo hombre y habitó entre nosotros. Y hemos contemplado su gloria, la gloria que corresponde al Hijo unigénito del Padre, lleno de gracia y de verdad" (1:14). De ningún otro, desde Adán hasta ahora, se puede decir: "Se le darán estos nombres: Consejero admirable, Dios fuerte, Padre eterno, Príncipe de paz" (Isaías 9:6). De nadie más se puede decir que tres días después de haber ido a la tumba resucitó. De ninguna otra persona se puede decir que mientras lo miraban...

Habiendo dicho esto, mientras ellos lo miraban, fue llevado a las alturas hasta que una nube lo ocultó de su vista. Ellos se quedaron mirando fijamente al cielo mientras él se alejaba. De repente, se les acercaron dos hombres vestidos de blanco, que les dijeron: "Galileos, ¿qué hacen aquí mirando al cielo? Este mismo Jesús, que ha sido llevado de entre ustedes al cielo, vendrá otra vez de la misma manera que lo han visto irse".

—Hechos 1:9-11

De ningún otro se puede decir que...

Luego vi el cielo abierto, y apareció un caballo blanco. Su jinete se llama Fiel y Verdadero. Con justicia dicta sentencia y hace la guerra. Sus ojos resplandecen como llamas de fuego, y muchas diademas ciñen su cabeza. Lleva escrito un nombre que nadie conoce sino solo él. Está vestido de un manto teñido en sangre, y su nombre es "el Verbo de Dios".

—Apocalipsis 19:11-13

Este es el Rey de gloria, solo él; el único Hombre que puede decir: "Entrégate a mí. Ríndete a mí y concéntrate en mí. Déjate atrapar por la atracción del encanto irresistible".

Si no sentimos esto, no tenemos que ser convencidos de ello. Jacob era un sinvergüenza y, sin embargo, Dios lo bendijo. Aparentemente, Esaú era un buen tipo y Dios no lo bendijo. ¿Cuál fue la diferencia?

Uno estaba fascinado. Sintió la ley de la fascinación dentro de su corazón. Necesitaba mucha ayuda y, para empezar, era cualquier cosa menos un buen hombre; pero algo en su corazón estaba latiendo. Lo profundo llamaba a lo profundo y lo insondable respondía a lo insondable. La voz del hombrecito respondía a la voz del gran Dios. Por eso Jacob se convirtió en Israel, siguiendo la obra de la gracia que lo transformó de su estado carnal a su condición bendita espiritualmente.

Si no tienes esa fascinación, puede ser que no seas más que otro Esaú. Qué trágico es nacer de la rojiza arcilla para vivir, morir y ser enterrado en la arcilla roja. Shakespeare dijo acerca de César: "Aunque sea el emperador, dale tiempo a la naturaleza y esta lo reducirá a un poco de arcilla que podría usarse para cualquier cosa que te imagines". El gran poeta persa Omar Khayyam dijo: "Cuando bebas de esa vasija, hazlo con reverencia; puede ser que esté hecha con el polvo de tu abuelo".

Es infausto nacer de la arcilla roja para llevar una vida secular —terrenal—, y entonces morir y ser enterrado bajo esa misma arcilla roja. Pero si sientes el encanto y la atracción de Dios, sabrás lo que quiso decir el Espíritu Santo cuando afirmó: "Por lo tanto, hermanos, tomando en cuenta la misericordia de Dios, les ruego que cada uno de ustedes, en adoración espiritual, ofrezca su cuerpo como sacrificio vivo, santo y agradable a Dios" (Ro 12:1).

Por tanto ¿cómo salir de la rutina religiosa? Saldrás de ella cuando rindas todo a Dios, cuando permitas que Dios sea tu Señor completamente. Así que concentra toda tu vida en Dios y en su Hijo Jesucristo. Entonces intenta conocer la dulce fascinación que se siente al amar a Dios. No puedes quedarte dormido mucho tiempo cuando la belleza de Jesús está ante tus ojos. Algunos han estado dormidos el tiempo suficiente. Si solo pudieras despertar con la voz de tu Amado. Si solo pudieras despertarte, levantarte y escucharlo hablar, sería más dulce que el trino de un lindo pajarillo, más grato que el sonido del arpa. Así es la voz del Hijo de Dios, el que te saca de la rutina y de tu sueño. Jesucristo es música divina, es la poesía de Dios, el arte de Dios, la belleza de Dios, el todo de Dios.

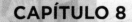

CAPÍTULO 8

ROMPE CON EL *STATU QUO*

Cuando estábamos en Horeb, el Señor nuestro Dios nos ordenó: "Ustedes han permanecido ya demasiado tiempo en este monte. Pónganse en marcha y diríjanse a la región montañosa de los amorreos y a todas las zonas vecinas: el Arabá, las montañas, las llanuras occidentales, el Néguev y la costa, hasta la tierra de los cananeos, el Líbano y el gran río, el Éufrates. Yo les he entregado esta tierra; ¡adelante, tomen posesión de ella!". El Señor juró que se la daría a los antepasados de ustedes, es decir, a Abraham, Isaac y Jacob, y a sus descendientes.
—Deuteronomio 1:6-8

Israel se permitió asentarse y se satisfizo con circunstancias que les parecían normales, pero que afectaron su espíritu aventurero y les hicieron aceptar el *statu quo* como algo definitivo para ellos. Sin embargo, de vez en cuando, por medio de profetas, apóstoles o salmistas, Dios extiende su mano y trata de despertar a su pueblo de su letargo. Alguien dijo una vez que el hombre está hecho de polvo y que el polvo tiende a asentarse. Por eso es que la gente hace lo mismo, tiende a establecerse y hacer las mismas cosas año tras año, dando vueltas lentamente en círculo. Cuando esto permea la fe, es mortal y maligno.

La mayoría de los cristianos están dormidos, viven en una rutina espiritual. A veces, los que se dan cuenta de que están estancados presionan a otros para que consideren y adopten su punto de vista. Pero aun cuando la verdad no convenza ni persuada a un hombre o una mujer, nadie tiene derecho a establecer una presión psicológica sobre otra persona. Si las personas ceden bajo presión, muestran que son demasiado débiles para resistir. Si son demasiado débiles para resistir, y si asumen una posición religiosa por su extrema debilidad, también serán demasiado endebles para persistir. Sin embargo, cuando seguimos a Cristo debemos mostrar persistencia. Tenemos que continuar adelante.

Para ejercer presión, el individuo se proyecta a sí mismo en la mente y la conciencia de aquellos que son hechos a la imagen de Dios y los obliga psicológicamente a hacer algo que no tienen ninguna razón particular para querer hacer. En esencia, no están interesados en ello y no tienen una razón satisfactoria para hacerlo, pero están bajo presión. Si no tienen una razón para hacer lo que hacen, no sabrán por qué se involucraron. De modo que, cuando salgan, no estarán seguros de haber entrado, y así todo el proceso se convierte en una religión débil y carente de convicción. Esto viola la ley de la naturaleza humana, que dicta que todos los actos válidos deben surgir de un impulso natural o de una mente convencida.

Un ejemplo de un impulso natural es cuando tienes hambre. Puede que estés muy hambriento, pero es un hambre sin contenido intelectual. Nadie necesita ponerse de pie y decir: "Ahora, todos los que tienen hambre levanten la mano". Sabes que tienes hambre, por lo que simplemente sales a comer. El hambre es un impulso natural.

Otra razón legítima para actuar es una mente convencida. Estoy convencido de que debo hacer algo y lo hago porque tengo la convicción de que se debe hacer.

Esas son las únicas dos razones para hacer cualquier cosa. Si obligo a alguien bajo presión psicológica y lo abato para que haga algo porque es demasiado débil para resistir, violo su naturaleza. Nuestro enfoque para sacar a la gente de la rutina, entonces, no debe ser presionarlos para que hagan algo que no quieren hacer. Al contrario, debemos presentar la verdad y dejar que el Espíritu Santo los impulse a querer escapar.

Debes salir de la rutina

Es imperativo que los cristianos no solo salgamos de la rutina, sino que lo hagamos *ahora mismo*. Tú sabes si estás dentro. Si no estás recibiendo ninguna respuesta a tus oraciones o si son tan ambiguas que dudas si cualquier respuesta podría haber sido simplemente una coincidencia, estás en la rutina. Si estás viviendo lejos de Dios, pero esperando ser salvo, estás en la rutina. Si no estás progresando, si estás en el mismo punto en que has estado hace meses o años, si te has asentado y aprendido a vivir contigo mismo y adaptado a tu estado espiritual actual, estás en la rutina.

Hay algunas razones por las que es imperativo que nosotros, como iglesia e individuos, salgamos y avancemos en nuestro trayecto hacia una mejor vida espiritual. Una es que no tenemos mucho tiempo para hacer nada al respecto. Tu propio interés va a decaer dentro de poco. El cambio es absolutamente imperativo para salir de la rutina, pero cuanto más envejece-mos, menos sentimos la necesidad de cambiar. Si tenemos un impulso en nuestro espíritu basado en la creencia y la convic-ción de que debemos movernos, para comenzar a reevaluar nuestras vidas y ajustar nuestra forma de vivir, entonces debe-mos hacerlo ya, mientras estamos pensando en ello.

Otra razón para salir de la rutina ya es el peligro de que los acontecimientos políticos hagan más complicado servir a Dios. En la historia de la humanidad nunca ha habido dos países como Estados Unidos y Canadá, ni siquiera Inglaterra, donde fuera más favorable convertirse en cristiano. Pero la situación política podría cambiar fácilmente y el clima no es muy favo-rable. Hay muchos países donde el clima político y social no es favorable para convertirse al cristianismo. Cualquiera que quiera convertirse en cristiano en algunas naciones del mundo lo tiene difícil. Pero aquí, hasta ahora, la gente es receptiva al evangelio.

¿Podrías darte el lujo de esperar hasta que el ambiente cambiara y no fuera tan favorable o hasta que la situación social sufriera cambios y las cosas no fueran tan propicias? Si no has aprovechado este clima favorable para estar bien con Dios y mejorar tu vida espiritual en esta libertad, ¿lo harías si te lo prohibieran o surgiera el acoso?

El Señor puede regresar pronto

La siguiente razón es que el Señor puede regresar antes de lo que pensamos. Observo que hay mucha ignorancia acerca de la profecía entre nosotros, pero la mayoría de los cristianos están esperando la segunda venida del Señor. Esperan que él venga. No saben cuándo vendrá pero, los que dicen saberlo, tampoco lo saben. Sin embargo, puede venir en el transcurso de tu existencia. Él dijo que volvería en un momento en el que no lo esperáramos.

Tener una baja expectativa al respecto puede implicar algo siniestro. Fácilmente se puede decir que este sería el momento en que menos personas esperan al Señor. Hace cincuenta años todo el mundo lo esperaba y hablaba de su inminente venida. Ahora pocos piensan en eso y, mucho menos, lo hablan. Si presionas a algunas personas, admitirán que creen en la segunda venida de Cristo, pero no la esperan con interés.

Otro aspecto que destaca la urgencia de tomar medidas respecto a nuestra vida espiritual es el hecho de que disponemos de poco tiempo para prepararnos ante un período tan extenso. Con eso quiero decir que ahora —en este preciso momento— tenemos que prepararnos para entonces. Debemos prepararnos para la eternidad. Lo contrario, no prepararnos, es una insensatez. Para cualquiera que, por alguna situación, tenga un día determinado para prepararse, es un acto de locura inexcusable dejar que algo perturbe esa preparación. Si nos encontramos en una rutina espiritual, nada en el mundo debería detenernos. Nada en el orbe vale la pena. Si creemos en la eternidad, si creemos en Dios, si creemos en la existencia eterna del alma, entonces no hay nada lo suficientemente importante como para llevarnos a cometer tal acto de locura moral.

No prepararse a tiempo para la eternidad, así como no estar listo ahora para el gran entonces que está más allá, es una trampa a la vista. Hay un dicho extraño en el Antiguo Testamento que afirma lo siguiente: "De nada sirve tender la red a la vista de todos los pájaros" (Proverbios 1:17). Cuando el hombre de Dios escribió eso, les dio un poco de crédito a los pájaros. Sería una tontería que un pájaro que observa al cazador poner la trampa volara convenientemente y se metiera en ella. Sin embargo, hay gente que hace eso todo el tiempo. Hay personas que deberían vivir por la eternidad, pero caen en la trampa que les tiende el enemigo a simple vista.

Es una insensatez dejar eso para mañana porque es posible que nunca veas las cosas que deberías hacer ahora. Es un acto de insensatez imperdonable contar con una ayuda que nunca llegará. Es una tontería ignorar la ayuda que Dios nos ofrece ahora. Muchos son culpables de ignorar la ayuda que se les brinda en la actualidad, mientras esperan una que nunca llegará por parte de otros.

No hay mucho que se pueda decir a favor de los cristianos perezosos o descuidados. Dios nunca le dijo a nadie que hiciera algo que el creyente no pudiera hacer. Jesús le dijo al hombre con el brazo paralizado que colgaba a su costado como un pedazo de carne flácida: "Extiende la mano" (Mateo 12:13). Y el hombre, creyendo que Jesús era el Cristo, extendió su mano y fue sanado al instante. Dios nunca le ha pedido a nadie que haga algo que él no le estaba permitiendo hacer a la persona.

CAPÍTULO 9

LA VOZ
DE DIOS HABLA

Este mensaje nace de tres cosas: la Palabra de Dios, el Espíritu Santo y la situación cristiana actual. Si algo no nace de la Palabra de Dios, entonces no quiero tener nada que ver con eso. Sin embargo, a veces nace del Espíritu Santo, por lo que es una carga emocional que incluye tanto pesar como gozo por parte del Espíritu Santo.

Así que les diría a ustedes, los que se cuestionan acerca de la vida llena del Espíritu: si solo quieren ser felices y nada más, es mejor que se alejen de la vida llena del Espíritu. El mismo Espíritu Santo que te dará alegría también te permitirá compartir sus cargas y sus dolores. De la carga, el dolor, el gozo y la victoria del Espíritu Santo surgen los mensajes que necesitamos internalizar en nuestras vidas.

La Palabra de Dios dice que el mayordomo fiel y prudente le da comida a la gente a su debido tiempo. Algunas personas predican bien la Biblia, lo cual no se puede negar. Mas la usan como se haría con un libro de medicina para averiguar qué es bueno para cierta enfermedad. Pero en lugar de hacer la prescripción a fin de que sea adecuada para un paciente específico, la prescriben para todos en general.

Cuando un predicador no predica para una situación determinada, es como dar medicina a la gente indiscriminadamente. Ese enfoque no es en nada adecuado para enseñar la Palabra de Dios. Aunque pueda ser fiel y verdadero, sin considerar la situación actual, es como enseñar la tabla de multiplicar; algo que sabemos de memoria.

Las epístolas del Nuevo Testamento fueron escritas para condiciones específicas, al igual que las siete cartas de Apocalipsis. Se desarrollaron situaciones particulares, y luego el hombre de Dios escribió a estas personas en particular. Las siete cartas que se encuentran en Apocalipsis fueron para iglesias particulares, teniendo en cuenta las necesidades de esas iglesias.

Lo mismo sucedió con los profetas del Antiguo Testamento. No vemos a ningún profeta internándose en una torre de marfil ni acomodándose para leer un rato, investigar un tema ni sacar una pluma para luego decir: "Ahora, voy a escribir un libro de profecía". No, no lo hicieron de esa manera. Escribieron a la necesidad, a la situación, inspirados divinamente. Dirigían sus palabras como flechas a un blanco. Por eso, cuando Dios habla de una situación particular, el poder del Espíritu Santo está presente y activo.

La ocasión en la que David pecó, el profeta Natán se le acercó y le contó una pequeña historia. Cuando David dio su juicio sobre qué hacer con el hombre que cometió tal pecado, Natán señaló con el dedo al rey y dijo: "Tú eres ese hombre" (2 Samuel 12:7). Inmediatamente David se quitó la corona y el manto, dejó caer el cetro, se arrodilló y se arrepintió ante Dios. Esa fue una situación particular. Cuando estamos hablando de una situación específica, las ovejas se separan de las cabras, se quita el velo y comienza el juicio.

La pregunta no es si "¿Es esta la voz de Dios hablándonos?". Espero que nadie intente evadir la responsabilidad de esa manera. Hay otras dos preguntas ante nosotros. La primera es: ¿Cuántos de nosotros estamos dispuestos a escuchar la voz de Dios? Jesús dijo:

> Por eso yo les voy a enviar profetas, sabios y maestros. A algunos de ellos ustedes los matarán y crucificarán; a otros los azotarán en sus sinagogas y los perseguirán de pueblo en pueblo ... ¡Jerusalén, Jerusalén, que matas a los profetas y apedreas a los que se te envían! ¡Cuántas veces quise reunir a tus hijos, como reúne la gallina a sus pollitos debajo de sus alas, pero no quisiste! Pues bien, la casa de ustedes va a quedar abandonada.
>
> —Mateo 23:34, 37-38

¿Estaban esas personas dispuestas a escuchar la voz de Dios? Miles de años antes de que Cristo naciera en Belén, el Espíritu Santo dijo:

> Clama la sabiduría en las calles; en los lugares públicos levanta su voz. Clama en las esquinas de calles transitadas; a la entrada de la ciudad razona: "¿Hasta cuándo, muchachos inexpertos, seguirán aferrados a su inexperiencia? ¿Hasta cuándo, ustedes los insolentes, se complacerán en su insolencia? ¿Hasta cuándo, ustedes los necios, aborrecerán el conocimiento? Respondan a mis represiones, y yo les abriré mi corazón; les daré a conocer mis pensamientos. Como ustedes no me atendieron cuando los llamé, ni me hicieron caso cuando les tendí la mano, sino que rechazaron todos mis consejos y no acataron mis represiones, ahora yo me burlaré de

ustedes cuando caigan en desgracia. Yo seré quien se ría de ustedes cuando les sobrevenga el miedo".

—Proverbios 1:20-26

La segunda pregunta es: ¿Cuántos son dignos de oír su voz? En Hechos 13:46, Pablo y Bernabé le dijeron a la gente: "Era necesario que les anunciáramos la palabra de Dios primero a ustedes. Como la rechazan y no se consideran dignos de la vida eterna, ahora vamos a dirigirnos a los gentiles". Este es un juicio terrible. Pero aquí está la esencia de lo que quiero decir: una reforma radical y amplia es imperativa entre las personas llamadas cristianas, sobre todo los protestantes en general y los evangélicos en particular.

¿Qué se entiende por reforma? Algunos pueden retroceder ante esa palabra; he escuchado personas que dicen: "No creo en reformas, creo en la regeneración". Eso suena bien y recibe algunos amén, pero el hecho es que si no tienes reforma no puedes tener regeneración. El Espíritu Santo no vendrá y regenerará a personas carnales y tercas que no lo obedezcan.

Primero debe haber una reforma. ¡Lávense, límpiense! ¡Aparten de mi vista sus obras malvadas! ¡Dejen de hacer el mal! ¡Aprendan a hacer el bien! ¡Busquen la justicia y reprendan al opresor! ¡Aboguen por el huérfano y defiendan a la viuda! Vengan, pongamos las cosas en claro —dice el Señor—. ¿Son sus pecados como escarlata? ¡Quedarán blancos como la nieve! ¿Son rojos como la púrpura? ¡Quedarán como la lana! (Isaías 1:16-18).

Una reforma radical

Necesitamos una reforma radical. Permíteme dar una definición de reforma tal como la apunta un diccionario religioso:

"acción y efecto de cambiar mediante la eliminación de faltas o abusos, restauración a un buen estado anterior". Ahora bien, eso no suena tan malo. No sé cómo alguien que cree que es cristiano podría alguna vez objetar el cambio en la dirección de la eliminación de faltas y abusos en pro de la restauración de un buen estado anterior.

El problema es el cambio, lo que inquieta a mucha gente. Han aceptado el *statu quo* como si fueran las tablas que Dios le dio a Moisés en la montaña. La mayoría de las personas, si se encuentran en alguna iglesia en cualquier lugar, aceptan el *statu quo* sin saber o sin preocuparse por preguntar cómo llegó a ese punto. En otras palabras, no cuestionan: "Oh Dios, ¿es esto tuyo, es divino, es algo ajeno a la Biblia?". Como la gente lo acepta, se difunde y es casi una práctica general, asumen que está bien.

Además, se escriben canciones al respecto, se publican artículos en revistas y periódicos, y se populariza como algo normal. Muy pronto la gente es instada a involucrarse en ello y, cuando menos pensamos, nos damos cuenta de que estamos metidos en algo que no es de Dios. Que no está de acuerdo con las Escrituras y, por tanto, Dios no se agrada de eso en absoluto.

Más bien, se enoja. Sin embargo, no lo sabemos porque no nos gusta la palabra *cambio*. El cambio se produjo lentamente, antes de que llegáramos a la escena, y pensamos que porque ve en todas partes, por lo tanto, es correcto. Aceptamos el *statu quo*, el estado de cosas existente, y decimos: "Esto es todo", olvidando que la historia demuestra que las religiones invariablemente degeneran.

Esto es difícil de afrontar para la gente. La religión se deteriora como se pudre la fruta y como la gente envejece a pesar de todo lo que intenta hacer con medicinas y cirugías.

Es inevitable que envejezcamos, lo mismo ocurre con la fe. Está casi establecido que comenzamos a deteriorarnos poco después de que Dios viene y nos bendice.

Mira lo que le pasó a Israel. Dios llamó a Israel a salir de Egipto, y el pueblo comenzó a deteriorarse antes de llegar al Mar Rojo. Luego le dio un avivamiento llevándolo a través de la apertura de ese mar e internándolo en el desierto. Pero Israel comenzó a degenerar antes de haber recorrido treinta kilómetros en el desierto. Como resultado, la gente finalmente deambuló durante cuarenta años.

Puedes seguir la trayectoria de Israel y ver historias deprimentes acerca de los reyes. Hombres que vivieron e hicieron lo malo ante los ojos del Señor. Hombres cuyos hijos repetían las acciones de sus padres: hacer lo malo ante los ojos del Señor. El *statu quo* se mantenía.

Atrévete a cuestionar el *statu quo*

Hoy necesitamos personas que se atrevan a cuestionar el *statu quo* y que digan: "Espera un minuto. ¿En qué parte de la Biblia encuentras esto?". La idea de que todo lo que tienes que hacer es aceptar a Cristo y que ya todo va a estar bien es un gran error. Eso deja a las personas con la impresión de que si aceptan a Cristo, ya no tendrán peleas que luchar, conflictos, trabajos que hacer ni tentaciones que vencer. Acaban de entrar al cuerpo de Cristo. Cuando lo aceptas correctamente como tu Señor y Salvador, estás dentro, pero —para ser franco— acabas de empezar a pelear.

Las personas se convierten y no les decimos que deben luchar siempre contra el espíritu de degeneración y la tendencia a deteriorarse hasta que vayan al cielo. Deben luchar, orar, sufrir y vivir en alabanza y adoración, porque si no lo hacen, sufrirán la derrota. Lee la historia de la iglesia cristiana y verás si puedes mantener tu fe y dejar de llorar.

Luego está la eliminación de las faltas y los abusos. ¿Dónde están las faltas y los abusos? Mira a tu derredor en el escenario religioso y verá las fallas, los abusos y la necesidad desesperada de cambios.

¿Dónde están los santos modelo? Deberíamos estar creando santos modelo, del tipo que los cristianos podrían tomar como ejemplos y decir: "Quiero seguir a estos hombres y mujeres para ser como ellos son como su Señor". Pero simplemente no estamos produciendo santos en esta generación. La mayoría de los cristianos son malos ejemplos para otros creyentes. Trabajamos duro para que la gente se convierta y creemos que estamos cumpliendo nuestro servicio a Dios. Luego, después de que se convierten y nos conocen, somos malos ejemplos para ellos. Considero que esto es un abuso en la iglesia de Cristo.

Si los evangélicos tuviéramos un tercio del entusiasmo que poseen algunas sectas podríamos conquistar un continente. Nosotros tenemos el poder y ellos no, es decir, tenemos el poder a nuestra disposición y ellos no. Tenemos un montón de vagos cristianos en nuestras manos.

Otro defecto es la carnalidad. El apóstol Pablo habló de los cristianos carnales de Corinto, por los que trabajó, oró y lloró a causa de la carnalidad de ellos. Esto describe a la mayoría de los evangélicos de hoy: carnales, inmaduros, sin milagros, sin prodigios, sin un maravilloso sentido de la presencia del Señor, unidos por actividades sociales y nada más.

Otro obstáculo para la reforma es la falta de oración entre el pueblo de Dios. Durante cien años, los moravos no dejaron de orar nunca. Llevaron personas a una torre de oración como las fábricas atienden a sus máquinas con su personal.

Los moravos hicieron vigilia de oración, en turnos de ocho horas, durante cien años seguidos; un siglo entero.

El descuido es otra falta entre los evangélicos. Los cristianos descuidados no se disciplinan ni se examinan a sí mismos. Sócrates dijo una vez: "Una vida que no se examina no vale la pena vivirse". Las personas que simplemente viven según sus instintos y hacen lo mejor que pueden, pero no se examinan a sí mismas, son descuidadas y, según Sócrates, bien podrían estar muertas.

Por eso hay frialdad de corazón. La temperatura de muchas iglesias evangélicas es tan fría que nadie se imagina que tiene frío en el corazón. Entonamos canciones que fueron escritas por corazones que estaban ardiendo como el fuego. Las cantamos con frialdad a un ritmo lento.

Eso es lo que llamamos "evangelicalismo", es lo que tenemos hoy en nuestro mundo de hoy. Y es que, en realidad, es muy difícil ser santos y comportarse como hijos del Altísimo.

CAPÍTULO 10

UN LIBRO QUE NO CAMBIA EN UN MUNDO EN CONSTANTE CAMBIO

Así que el ángel me dijo: "Esta es la palabra del Señor para Zorobabel: No será por la fuerza ni por ningún poder, sino por mi Espíritu".

—Zacarías 4:6

Un área interna que debemos reformar son nuestras creencias prácticas sobre el diseño de Dios para la humanidad. Hago hincapié en esas creencias porque hay una diferencia entre estas y las creencias nominales. Una creencia nominal es aquella con la que te identificas y la creencia práctica es lo que vives, en realidad, la que se mantiene latente en ti. Aunque es probable que haya pocas fallas en las creencias nominales, se pueden hallar muchas en las creencias prácticas. Estas últimas necesitan ser restauradas a un estado positivo, optimista y claro.

Ha pasado mucho tiempo desde que Jesús nació en Belén, murió en la cruz, resucitó al tercer día, ascendió a la diestra de Dios Padre todopoderoso y envió al Espíritu Santo para establecer su iglesia. Desde aquellos épocas ha habido cambios en el mundo tan radicales, impetuosos y revolucionarios que son completamente increíbles para cualquiera que viva en los días de Jesús.

Restauración a la creencia en la verdad

El mundo de hoy era completamente inimaginable para la gente de aquellos tiempos. ¿Acaso han forzado estos cambios, a Dios, para que modifique sus planes con la iglesia y la humanidad? Aquí es donde nos hemos quedado en el camino. Aquí es donde necesitamos una reforma, una purga, una remoción de las faltas y una restauración nuevamente de la fe de los cristianos a la creencia en la verdad.

Muchos creyentes dicen, sin lugar a dudas: "Sí, eso es cierto". En realidad, supongo que no les gustaría que se lo pusieran así: A la gente no les gustan las afirmaciones más realistas. ¿Qué dirían los liberales y los progresistas si los presionaras con la pregunta: "¿Crees que Dios se ha visto obligado a cambiar de opinión?". No creo que nadie tenga el coraje de decir que sí. Sin embargo, lo dicen poco a poco y sutilmente hasta que le lavan el cerebro a su gente.

En efecto, dicen que la Biblia debe ser interpretada a la luz de los nuevos desarrollos. Un libro que fue escrito en la época en que la gente montaba burros debe ser reinterpretado para que se adapte a la sociedad contemporánea. Dicen que los profetas y los apóstoles confundieron lo que Dios pretendía hacer. La Biblia está pasada de moda y, en gran medida, es irrelevante. Esto último significa que no está relacionada con nada. Pasada de moda significa que tenemos nuevos modos de pensar y vivir ahora, por lo que la Biblia está desactualizada, es como una revista editada antiguamente. Por lo tanto, debemos reevaluar sus enseñanzas tanto como repensar nuestras creencias y esperanzas.

No estoy exagerando, en absoluto. Esto es lo que se está enseñando hoy. Eso se anuncia en los periódicos y la gente lo repite como los loros. Dicen que la Biblia debe interpretarse a la luz de todos estos cambios. Que los apóstoles y los profetas estaban equivocados. Que tenían ideas buenas y avanzadas para su época, pero no para la actualidad. Sabemos más sobre nosotros mismos, la motivación humana y la naturaleza de las cosas que en aquel entonces.

Por lo tanto, un libro escrito cuando la gente pensaba que la tierra era plana y el sol salía por la mañana, cruzaba la tierra y bajaba al mar no puede tomarse en serio. Aunque ciertamente contiene una hermosa poesía y algunos pensamientos maravillosamente inspiradores sobre la naturaleza humana y el mundo en el que vivimos, sin embargo, todo esto debe ser entendido y reinterpretado, reevaluado y repensado.

En lo particular, desafío la idea de que estamos avanzados. Sé que la mayoría de los educadores modernos, escritores, personalidades de la televisión, reporteros de radio, influencers, políticos y todos los demás no están de acuerdo conmigo. Sin embargo, desafío la idea de que estamos más avanzados que ellos en los días de Jesús.

Si estamos tan avanzados, entonces quiero hacer algunas preguntas. ¿Por qué matamos a miles de seres humanos cada año con automóviles? Porque montamos automóviles en vez de burros, ¿somos avanzados? Si estamos tan avanzados en nuestros días, ¿por qué las penitenciarías están repletas y los hospitales psiquiátricos abarrotados? Si estamos tan avanzados, ¿por qué el mundo entero es un polvorín? Si estamos tan avanzados, ¿cómo es que tenemos armas nucleares que pueden aniquilar al mundo? Si estamos tan avanzados, ¿por qué la gente ya no puede caminar sola en los parques? ¿Por qué los trabajadores que salen a medianoche nunca más caminan solos a casa? ¿Por qué en esta edad avanzada se disparan las drogas, la violencia, el aborto y el divorcio?

Hay cierta mentalidad que piensa que cada movimiento representa un progreso. Que cada vez que te mueves estás progresando. Luego está la mentalidad que piensa que cada vez que te mueves en línea recta estás avanzando, olvidando que puedes moverte en línea recta y, a la vez, retrocediendo.

La tragedia del siglo

La tragedia del siglo es que los protestantes han aceptado esto como un progreso y realmente lo creen. A los hijos de la Reforma les han lavado el cerebro y han sido adoctrinados por aquellos que creen que los cambios han hecho una diferencia en el plan de Dios, en el cristianismo y hasta en Cristo. Nos han lavado el cerebro para que creamos que no podemos leer la Biblia como solíamos hacerlo. Ahora debemos leerla a través de lentes adaptados por el cambio. Hemos sido hipnotizados por la serpiente, el diablo, para creer que ya no tenemos una Biblia confiable, por lo que el protestantismo ya no es una fuerza moral en el mundo.

El cristianismo protestante no es una fuerza en este mundo porque nos hemos vendido a los lavadores de cerebro. En vez de hijos e hijas de los cristianos protestantes, ahora somos hombres y mujeres empoderados, como dicen ahora. Dirigiendo nuestro ambiente cristiano protestante hay personas que hablan solemnemente acerca de Cristo pero que no quieren decir lo que la Biblia afirma expresamente. Hablan de revelación e inspiración, pero no quieren expresar lo que querían decir nuestros padres.

La segunda tragedia prominente es que las iglesias cristianas evangélicas están confundidas e intimidadas por los números. Aceptan la creencia de que ha habido un cambio y que los cristianos deben adaptarse al mismo. La palabra que utilizan es "ajuste". Debemos ajustarnos, olvidando que el mundo siempre ha sido bendecido por las personas que no se ajustaron. La gente pobre que se adapta no puede hacer mucho de todos modos. No vale la pena tenerlos cerca.

En todos los campos de la actividad humana, los que se levantaron y dijeron: "No me adaptaré al mundo" han hecho progresos. Los compositores, poetas y arquitectos clásicos eran personas que no se adaptaban a los establecido. Hoy en día la sociedad insiste en que si no te ajustas te vas a acomplejar. Si no te ajustas, tendrás que ir a un psiquiatra.

Jesús era un desadaptado

Jesús estaba entre las personas más desadaptadas de su generación. Nunca pretendió adaptarse al mundo. Él vino a morir por el mundo y a llamar al mundo hacia sí mismo, por lo que le era indiferente el ajuste o la adaptación.

El mundo contemporáneo es resultado de cambios radicales a lo largo de las generaciones que llegan a un punto en que se considera revolucionario. Hay revolución por todas partes: la revolución científica, la revolución industrial, la revolución de las comunicaciones, la revolución tecnológica, la revolución filosófica y la revolución social entre otras muchas. Por tanto, ¿vamos a aceptar la creencia de que la Biblia debe ser interpretada de nuevo a la luz de estos desarrollos? ¿Vamos a permitirnos aceptar la doctrina de que los profetas y los apóstoles se equivocaron acerca de Dios? ¿Vamos a permitir que la sociedad nos diga que la Biblia es anticuada y en gran medida irrelevante y, por lo tanto, debe ser reevaluada a la luz de los avances modernos?

¿Ha cambiado Dios? ¿Vamos a aceptar eso? ¿Hay un cambio en el propósito de Dios? ¿Han sorprendido o conmocionado a Dios los cambios en la sociedad humana? ¿Debemos, para continuar siendo intelectualmente respetables y tener una buena reputación con aquellos que dudan de la Palabra, decir humildemente: "Bueno, yo no creo en los milagros"? ¿O tenemos suficiente de nuestra protesta y coraje protestantes para ponernos de pie y decir: "Yo creo en los milagros cuando Dios Todopoderoso quiere realizarlos. Creo que cada vez que Dios quiere hacer algo fuera de lo común y contrario o —al menos— por encima de los procesos comunes de la naturaleza, puede hacerlo. Creo que los milagros de Jesucristo fueron verdaderos prodigios. Creo que los milagros del Antiguo Testamento fueron verdaderos portentos". De modo que, ¿vamos a permitir que nos laven el cerebro a nosotros y a todos los demás?

¿O nos vamos a atrever a ponernos de pie, para protestar y ser reconocidos en este país como protestantes por la verdad? Seríamos personas que se niegan a adaptarse pero que hacen que el mundo se ajuste a nosotros.

Cuando te ajustas, estás muerto. Lo mismo es cierto si una iglesia se ajusta a las ideas del mundo. Si te ajustas, estás perdido. Pero si te atreves a ponerte de pie, el mundo se ajustará a ti. Puedo asegurarte eso. No todos se adaptarán a ti, pero al menos algunos lo harán.

Algunos se han preguntado: "¿Es el comunismo una invasión inesperada e impredecible? ¿Acaso Dios no sabía de esto o Cristo no lo previó?". ¿Es posible que Cristo, después de haber descendido triunfalmente a lo largo de los siglos, haya encontrado por fin su Waterloo? ¿Cuál es tu respuesta a eso? ¡Mi respuesta es un fuerte, rotundo y resonante no! Él nunca ha tenido un Waterloo ni lo tendrá. Él, Cristo el Señor, ha de cabalgar en los cielos sobre un caballo blanco, y en su muslo estará escrito: "Rey de reyes y Señor de señores" (Apocalipsis 19:16). Los ricos, los valientes, los científicos, los doctores y los señores de las finanzas rogarán que las rocas y las montañas caigan encima de ellos, para esconderlos de la ira del Cordero y de la furia de su poder.

¿Es que ha sido finalmente arrebatado de su mano el pueblo de Dios? Él dijo que nunca seríamos arrebatados de su mano, pero ¿sabía lo suficiente para decirnos eso? ¿Ha habido algunos nuevos avances y desarrollos que él no previó? ¡La respuesta nuevamente es no!

¿Deberíamos rendirnos?

¿Vamos a rendirnos ante el mundo? ¡No! ¿Nos rendiremos al liberalismo? ¡No! ¿Nos rendiremos ante el progresismo? ¡Nunca! ¿Nos rendiremos al protestantismo apóstata? ¡La respuesta es no! ¿Deberíamos rendirnos a las iglesias adaptadas a esta era cuyos predicadores temen ponerse de pie y hablar como yo? ¡La respuesta nuevamente es no!

Nuestra iglesia va a seguir el camino del evangelio. No somos radicales ni tontos. No ayunamos 40 días. Nos vestimos como los demás, conducimos vehículos y tenemos casas modernas. Somos humanos y nos gusta reír. Pero creemos que Dios todopoderoso no ha cambiado y que Jesucristo es el mismo. Él es victorioso, y no tenemos que disculparnos por él. No tenemos que modificar, ajustar, editar ni enmendar. Él se erige como el Señor glorioso, y nadie necesita disculparse por él.

Si nuestra respuesta a las preguntas que he hecho es afirmativa, entonces dejaremos a nuestros hijos una herencia de nada más que muerte. Digo ahora, ¿debemos creer las resonantes palabras: "Yo, el Señor, no cambio" que dijera el profeta (Malaquías 3:6)? Les creo ¿Creeremos que "Jesucristo es el mismo ayer y hoy y por los siglos" (Hebreos 13:8)? Sí. Debemos creer las palabras que dicen: "Al que salga vencedor le daré derecho a comer del árbol de la vida, que está en el paraíso de Dios" (Apocalipsis 2:7). "El que salga vencedor no sufrirá daño alguno de la segunda muerte" (2:11). "Al que salga vencedor le daré el derecho de sentarse conmigo en mi trono" (3:21).

No vamos a ser ovejas corriendo por el precipicio porque otras ovejas tontas lo están haciendo. Vemos el precipicio, sabemos que está ahí. Estamos escuchando la voz del pastor, no la voz de una oveja aterrorizada. Las ovejas aterrorizadas e intimidadas van por todas partes.

Me mantengo firme y protesto por esto. Creo que necesitamos una reforma de regreso a la creencia de que Dios sabía de lo que estaba hablando desde el principio. Necesitamos volver a la creencia de que Jesucristo no obvió nada sino que lo previó todo, volver a la creencia de que los apóstoles hablaron siendo movidos por el Espíritu Santo. Debemos volver a la creencia de que nuestros padres que nos dieron los grandes credos no eran tontos sino santos sabios que sabían de lo que estaban hablando. Debemos volver a la creencia de que los protestantes deben protestar, los disidentes deben disentir y los inconformistas deben negarse a conformarse.

Cómo se mantuvieron los pactantes

Lee la historia y ve cómo los pactantes resistieron y murieron en vez de rendirse ante el enemigo. ¿Estamos satisfechos de ser hijos degenerados de grandes padres? Considera a Albert Benjamin Simpson, que anduvo por las costas del Océano Atlántico con cartón en las suelas de sus zapatos porque no tenía dinero para comprar unos nuevos. Oró y gimió en espíritu clamando a Dios por las personas de todas las naciones que no habían oído el evangelio. Simpson oraba: "Oh Dios, creo que Jesucristo tu Hijo es el mismo ayer, hoy y por los siglos". Somos sus descendientes, pero debemos pasar un día en cilicio y cenizas.

A los 36 años, Simpson ya era un predicador presbiteriano reconocido, pero estaba tan enfermo que dijo: "Siento que podría caer a la tumba cuando oficie un funeral". No pudo predicar durante meses a causa de su padecimiento. En una oportunidad fue a una pequeña reunión campestre en el bosque y escuchó a un cuarteto cantar: "Nadie puede trabajar como Jesús. Ningún hombre puede trabajar como él".

Simpson se internó entre los pinos con esa melodía en el corazón: "Nadie puede trabajar como Jesús; nada es demasiado difícil para Cristo. Ningún hombre puede obrar como él". Aquel presbiteriano estudioso y tenaz se arrojó sobre las agujas de los pinos y dijo: "Si Jesucristo es lo que decían que era en la canción, sáname oh Señor". Y el Señor lo sanó, por lo que vivió hasta los 76 años. Simpson fundó una sociedad que ahora es una de las denominaciones evangélicas más grandes del mundo: la Alianza Cristiana y Misionera.

En lo particular, soy descendiente suyo y —en general— cantamos sus canciones de adoración a nuestro Dios. Pero, ¿vamos a permitirnos escuchar algo que modifique nuestra fe, nuestras prácticas y creencias, que diluya nuestro evangelio y el poder del Espíritu Santo? Yo, por mi parte, ¡no lo permitiré!

Me alegra saber que muchos de ustedes me acompañan en esto. Acudamos al Nuevo Testamento para ser cristianos bíblicos. Nos vamos a rendir a Dios, no al diablo. Vamos a orar más, a leer más la Biblia y a asistir más a las reuniones de oración. Vamos a dar más y a romper los malos hábitos mediante el poder de Dios. Vamos a convertirnos en cristianos conforme al corazón de Dios. Vamos a manifestarnos cuando se acepte un cristianismo apóstata, degenerado, enfermizo, resbaladizo, podrido, corrupto. Vamos a defender a Dios, a actuar como simples cristianos protestantes, a actuar como nuestros antepasados presbiterianos escoceses, a desempeñarnos como nuestros antepasados metodistas ingleses, a actuar como el querido viejo bautista que rompió el hielo en el arroyo y bautizó a la gente en aquella agua helada. Ellos tenían un dicho en esos tiempos, que decía: "Nadie se resfrió nunca siendo bautizado en el hielo". Por eso, Dios todopoderoso se encargó de que nadie muriera de neumonía.

Esos antepasados protestantes formaron estas dos naciones, Estados Unidos y Canadá. Cultivaron este continente. Entonces, ¿vamos a ser descendientes de los que deberían avergonzarse? ¿O vamos a decir: "Guía, te estamos siguiendo". Tú seguiste a Jesucristo, por lo que nosotros te estamos siguiendo a ti"?

John Thomas era un querido predicador galés que yo solía escuchar. Mientras predicaba, levantaba las manos y decía: "Tú provees el valor y Dios proveerá la gracia". Él estaba en lo correcto. Tú tienes el valor; Dios tiene la gracia.

CAPÍTULO 11

DOS RETRATOS DE LA IGLESIA

Así que el ángel me dijo: "Esta es la palabra del Señor para Zorobabel: 'No será por la fuerza ni por ningún poder, sino por mi Espíritu'", dice el Señor Todopoderoso.

—Zacarías 4:6

En nuestra granja en Pensilvania teníamos unos cerezos que fueron atacados por pequeños parásitos de algún tipo. Esa clase de bacteria se introducía en una ramita, perforaba la corteza y exudaba un líquido grumoso. Al poco tiempo la rama se enredaba y se doblaba. En todos los árboles aparecían esos pequeños nudos gomosos en cualquier parte de ellos. Después de dos o tres años, los cerezos no florecerían más. Y si acaso lo hacían, las flores generalmente caían temprano y el fruto —las cerezas— no llegaba a buen término. Si las flores hubieran permanecido, las cerezas habrían salido pequeñas y sin desarrollar o solo rojas por un lado.

A mi padre no le interesaban demasiado las frutas. Lo que le interesaba era el ganado, los caballos y los cereales. Si él hubiera sabido cómo proteger esos árboles antes de que llegaran a esa condición miserable y los hubiera rociado o tratado adecuadamente, podría haberse deshecho de los gusanos y los insectos, a la vez que habría salvado los árboles y las frutas.

Al reflexionar en eso y compararlo con la grey del Señor, creo que un pastor que se contente con una viña a la que no le vaya bien no es un buen labrador. Es mi oración que seamos una viña saludable, fructífera, y que seamos de honra para el Bien Amado, Jesucristo el Señor. Que él pueda ir ante el Padre y decir: "A los que me diste del mundo les he revelado quién eres. Eran tuyos; tú me los diste y ellos han obedecido tu palabra. Ahora saben que todo lo que me has dado viene de ti, porque les he entregado las palabras que me diste, y ellos las aceptaron; saben con certeza que salí de ti, y han creído que tú me enviaste. Ruego por ellos. No ruego por el mundo, sino por los que me has dado, porque son tuyos. Todo lo que yo tengo es tuyo, y todo lo que tú tienes es mío; y por medio de ellos he sido glorificado" (Juan 17:6-10).

Oro para que podamos alinearnos con la oración del sumo sacerdote de Juan 17, que seamos una iglesia conforme al corazón de Cristo, para que él pueda ver en nosotros el fruto de la aflicción de su alma y estar satisfecho. Para que seamos una vid como esa, debe haber una pureza básica. Cada uno debe tener una gran pureza de corazón. Creo que no hay experiencias emocionales que no se basen en una gran pureza de corazón. Nadie puede impresionarme ni interesarme con ningún tipo de manipulación espiritual si su corazón no es puro, incluso si resucitara a los muertos. La rectitud en la conducta debe estar en la raíz de toda experiencia espiritual válida.

Una nueva ola religiosa

Temo a la nueva ola religiosa que ha surgido. Comenzó en Estados Unidos y se está extendiendo por todas partes. Es una especie de asunto esotérico del alma o de la mente, acompañada por fenómenos extraños. Recelo de todo lo que no requiera pureza de corazón y conducta recta por parte de los individuos.

Sin embargo, anhelo que —a través de las tiernas misericordias de Cristo— pueda haber entre nosotros lo siguiente:

1. *Una hermosa sencillez.* Hay que cuidarse de la artificialidad y las complejidades de la religión. Me gustaría ver la simplicidad. Nuestro Señor Jesús fue uno de los hombres más sencillos que jamás haya existido. No podías involucrarlo en nada formal. Él dijo lo que tenía que decir con tanta belleza y naturalidad como el pájaro que canta sus melodías en las ramas de los árboles cada mañana. Eso es lo que me gustaría ver restaurado en las iglesias. Lo opuesto a ello es artificialidad y complejidad.

2. *Un amor cristiano radiante.* Quiero ver la restauración de un radiante amor cristiano que haga imposible encontrar a alguien que hable groseramente o sin caridad sobre otra persona. Con respecto a esto último se ha reflexionado cuidadosamente y se ha orado con suma atención. Con ello el diablo tendría un espasmo. Se disgustaría tanto que se exacerbaría en su propio infierno por años. En estos últimos tiempos de la dispensación cristiana, los cristianos deberían manifestar un amor radiante y ser un pueblo tan amoroso que nadie pudiera lograr que hablaran mal o que se expresaran sin caridad.

3. *Un sentimiento de humilde reverencia.* Me entristece que lleguemos a la iglesia sin sentir la presencia de Dios ni experimentar una humilde reverencia. Hay religiones falsas, sectas religiosas extrañas y cultos cristianos en las que piensan que

tienen a Dios en determinado lugar, y que cuando las personas se acercan a ese punto experimentan una sensación de asombro. Por supuesto, tú y yo queremos ser salvos de todo paganismo y falso culto. Pero también nos gustaría ver a las personas seguras de que Dios permanece con ellos, no en un punto especial de su iglesia. Nos encantaría saber que tienen certeza de que él está en medio de ellos. Una vez conscientes de que Jesucristo mora verdaderamente entre ellos, se sentirán inspirados a mostrar una humilde reverencia al Señor en sus reuniones.

4. *Un aire de alegre informalidad.* El gran predicador inglés que fue pastor durante muchos años de la Capilla de Westminster en Londres, G. Campbell Morgan, dejó su grey y se fue a Gales, donde el avivamiento galés se desarrollaba bajo la dirección de Evan Roberts a principios del siglo pasado. Se quedó allí un tiempo y se empapó de la gloria de Dios que imperaba en ese lugar. Leí el sermón que predicó a su congregación después de eso y, a mi parecer, fue lo más cercano a un regaño que jamás expresó ese gran predicador. Él les dijo: "El canto de ustedes no tiene alegría, su comportamiento no tiene gozo y no tienen el impulso ni la alegría que vi en Gales". Así que los instó a que llegaran a un punto en el que esa sensación de alegre informalidad los embargara.

5. *Un punto en el que cada uno estime al prójimo mejor que a sí mismo.* Como resultado de eso, todos deberían estar dispuestos a servir, pero sin competir por mérito alguno. Nada es tan amargamente sarcástico como la ambición en la iglesia de Cristo. Eso sería como si un marinero que es salvado de una muerte segura en las profundidades del océano, ambicionara convertirse en el capitán del bote que se dirige a salvar a otros. Es como si un hombre al entrar en un área de desastre donde ocurrió un terremoto y donde la gente muere, solo tuviera interés de alcanzar una posición prominente.

No hay lugar para los ambiciosos
ni los perezosos

La iglesia de Cristo no es lugar para ambiciosos ni perezosos. Quisiera ver que nuestra comunión cristiana alcance un nivel en el que cada uno estime al otro mejor que a sí mismo. Por esa razón, nadie debe empujar y nadie debe competir por posiciones de autoridad. Por otro lado, nadie debe negarse a servir.

6. *Un candor infantil*. Me encantan los niños por su asombrosa e increíble ingenuidad. Te miran y te dicen las cosas más sencillas. Si fueran un poco mayores, sus mejillas se sonrojarían al máximo, pero son absoluta y completamente sinceros. Me gusta hablar con ellos y hacer que charlen conmigo porque seguramente me contarán algunas cosas antes de irse. Si no quieres que algo se sepa, no se lo digas a los más pequeños porque ellos lo cuentan todo. No tienen nada que ocultar. Creo que, con las limitaciones propias de nuestra edad adulta, deberíamos estar en un nivel espiritual en el que fuéramos tan sinceros que no haya duplicidad ni deshonestidad.

La duplicidad es doblez, falsedad, ambas cosas. Judas Iscariote, por ejemplo, fue la duplicidad encarnada. Era tan astuto que ni los discípulos sabían quién era el traidor. Por eso dijeron: "¿Acaso seré yo, Señor?" (Mateo 26:22). Y Jesús les dijo: "El que mete la mano conmigo en el plato es el que me va a traicionar" (26:23). Él tenía que decirlo. Ese hijo de perdición había vivido con Jesús y sus once discípulos durante tres años y había engañado, a estos últimos, tan bien que ignoraban quién era el traidor cuando llegó el momento del enfrentamiento. Judas jugó un papel extraordinario al simular amar a Jesús. Esa fue la pieza de duplicidad más ingeniosa que conozco. Tenía dos caras, las cuales usaba según la ocasión. Era tan bien realizada su actuación que nadie se dio cuenta.

Les mostraba un rostro a Jesús y sus discípulos, y otro a los enemigos del Maestro. Eso es duplicidad.

Un pueblo sin duplicidad

La comunión cristiana debe caracterizarse por mostrar un pueblo sin duplicidades. Cada uno de nosotros tiene una sola cara. Si tienes más de una cara que presentar al público, algo está desesperadamente mal en ti. Todos tus rostros han de caer bajo el terrible juicio de Dios.

Debemos estar libres de duplicidad, deshonestidad e hipocresía. Por tanto, ¿qué es la hipocresía? Hipocresía es una antigua palabra griega que se usaba para referirse al actor que desempeñaba un rol en el escenario, alguien que pretendía ser lo que no era. Era un personaje que fingía ser otro individuo y, para ello, empleaba una especie de máscara mientras se movía representando su papel. Es lo mismo que hace la gente en nuestros días. Se suben al escenario del teatro o a la televisión, usan unos bigotes de utilería y se maquillan para convertirse en personas que no son. Un hipócrita es un actor, alguien que está representando un papel.

7. *Una presencia de Cristo que sea como la fragancia de la mirra y el áloe.* Cuando uno se acostumbra al olor de su presencia, se vuelve exigente con cualquier cosa inferior. Si nunca olemos la mirra y el áloe de los palacios reales, podemos pasar toda una vida sin percatarnos de ello. Pero un grato soplo del aroma de su presencia hará que nunca nos conformemos con nada menos.

Cuando mi esposa y yo recién nos casamos, asistíamos a una iglesia de la Alianza Cristiana y Misionera en Akron, Ohio. Había algo en esa congregación, era como una sensación de una fragancia que emanaba de Dios. En aquellos tiempos, el Dr. Gerow predicaba allí. La iglesia tenía algunos hermanos cristianos muy tiernos, maravillosos hombres y mujeres de Dios, y se percibía una fragancia particular en ese lugar. Tanto que nunca lo he olvidado. Tendría entre 19 y 21 años durante los tres años que pasé en esa congregación, pero no tengo recuerdos memorables de los jóvenes de ese tiempo. Sin embargo, ¡cómo recuerdo la ayuda que recibí de aquellos santos ancianos cuyas vidas irradiaban la fragancia de la mirra, el áloe y la casia que emitía la presencia de Dios!

8. *Respuestas a la oración.* Que los milagros no sean raros en nuestro entorno. En lo particular, no soy un predicador de milagros. He estado en iglesias donde se anuncian reuniones en las que suceden milagros. Si ves los noticiarios de cualquier medio de comunicación, ocasionalmente observarás a alguien que llega a la ciudad y anuncia: "Venga a nuestras reuniones y verá suceder milagros". Ese tipo de actuaciones no me interesan.

No se pueden obtener milagros como consigues algo con una reacción química. No puedes ver un milagro como lo ves en un escenario de un circo. Dios no actúa por medio de magos religiosos. Yo no creo en ese tipo de milagros. Creo en la clase de milagros que Dios concede a un pueblo que vive tan cerca de él que las respuestas a la oración son comunes y los milagros el pan de cada día.

John Wesley nunca se rebajó a predicar milagros ni una sola vez en su vida. Pero los milagros que seguían a su ministerio eran asombrosos. En una oportunidad, se comprometió a ir a cierto lugar, pero su caballo se partió una pata. Como ese era su medio de transporte, Wesley se arrodilló junto a su caballo y oró por su sanidad. Luego montó sobre la noble bestia y cabalgó, sorprendentemente, sin que el caballo cojeara. Cuando llegó al lugar, y sin hacer público el milagro, solo dijo: "Aquí levantaremos una carpa grande y anunciaremos la Palabra de Dios". Y Dios, simplemente, hizo lo que debía hacer.

Por otra parte, aunque Charles Haddon Spurgeon no predicaba sanidad divina, tuvo más personas sanadas en respuesta a su oración que cualquier médico en Londres. Esas son las clases de milagros de las que estoy hablando.

A la luz de las Escrituras, del Tribunal de Cristo y de la eternidad, ¿es irrazonable lo que pido? ¿Es irrazonable la descripción que he expuesto? ¿Es este retrato de una iglesia verdadera algo irracional? ¿Es indeseable e imposible que tengamos este tipo de iglesia? ¿Es esta una imagen no bíblica?

La iglesia debe ser una viña saludable y fructífera que honre a Cristo, una grey conforme al corazón de Cristo, en la que él pueda ver la aflicción de su alma y sentirse satisfecho. Por otra parte, entre los creyentes debe haber una hermosa sencillez y un radiante amor cristiano que imposibilite encontrar chismosos y murmuradores. Debe haber un sentimiento de humilde reverencia y un aire de alegre informalidad, donde cada uno estime a los demás mejor que a sí mismo, donde todos estén dispuestos a servir sin que nadie se sienta forzado a ello. La hermosa sencillez, sin duplicidad ni deshonestidad —de la que hablamos— debe caracterizar a la iglesia. Una iglesia en la que la presencia de Cristo se perciba y la fragancia de sus vestiduras sea grata a sus amados. Las oraciones deben ser respondidas con tanta normalidad que ni pensemos en eso. Algo que sea común porque Dios es Dios y nosotros somos su pueblo. Cuando eso es así, no es extraño que sucedan milagros.

A la luz de las Escrituras, ¿es irrazonable e indeseable esperar eso de una iglesia? ¿Hay algo mejor? ¡Si lo hay, dilo!

¿Es esto imposible? ¿Hay algo imposible para Dios? ¿Hay algo imposible donde está el Señor Jesucristo? ¿Es esto antibíblico? ¡No! Lo único que no es bíblico acerca de esta visión es que todavía no está a la altura de los requisitos de las Escrituras. Los requisitos bíblicos siguen siendo altos.

Si respondes: "No, eso no es irrazonable, indeseable ni imposible", entonces estás diciendo que crees en esto. Si crees en esto, si quieres convertirte en una iglesia que pueda dar inicio a una reforma, a un cambio hacia lo mejor, a una nueva manifestación del poder de Dios derramándose en las personas, entonces debe haber una ruptura psicológica radical con el estado de ánimo religioso predominante.

He hablado sobre lo que debe ser una iglesia mediante una cuidadosa descripción. Ahora voy a describir las iglesias tal como son, con sus valiosas excepciones, por supuesto. Hay santos genuinos en casi todas las iglesias, unos aquí y otros allá, pero el estado de ánimo espiritual que prevalece es egocéntrico en lugar de centrado en el mundo. En vez de ser extrovertida y ganadora de almas, la iglesia promedio es egocéntrica y autocomplaciente. La iglesia de estos tiempos parece pasarse la vida contando lo maravillosos que han sido los miembros que la integran. La autosatisfacción suele imperar sobre esta iglesia contemporánea.

La mundanalidad es la característica que prevalece en la iglesia promedio de hoy, junto con la carnalidad y la sensualidad. A los corintios, Pablo les dijo: "Ustedes son carnales, por lo que no puedo hablarles de cosas espirituales. Quisiera venir a predicarles cosas profundas, pero son demasiado carnales".

Otra característica que predomina en la iglesia promedio de hoy es que se ufana de ser cristiana —de nombre o nominalmente— pero en la práctica no lo es. Nuestro problema no es que rehusemos creer en la doctrina correcta, sino que nos negamos a practicarla. Tenemos la peculiar contradicción de creer lo correcto y vivir de manera incorrecta, una extraña anomalía dentro de la iglesia en todas partes.

En la iglesia de hoy hay muchos que aman más los placeres del mundo que a Dios. Debo aclarar algo para continuar. Si no te gusta lo que aquí expreso, quiero preguntarte algo. Piensa en la empresa en la que trabajas. ¿De qué hablan más allí? ¿De Dios y de su amor o de otras cosas? Tú sabes de qué.

Muchos cristianos hoy en día no soportan la sana doctrina. Pablo dijo que esas personas tenían "comezón de oír" (2 Timoteo 4:3). No les gustaba la sana doctrina, pero eran cristianos. Se llamaban a sí mismos cristianos, pero les punzaban los oídos.

Un comentarista al que leí hace algunos años explicó esto. En los días de Pablo, los cerdos padecían una enfermedad llamada "comezón de oídos". El síntoma era que se les inflamaban los oídos y les aguijoneaba terriblemente. La única forma en que podían obtener alivio era dirigirse a un montón de rocas con las que se frotaban las orejas severamente. Las piedras les rascaban los oídos por el momento.

Pablo vio eso, sonrió con tristeza y dijo: "Me encuentro con cristianos, por doquier, que son exactamente así. Aman los placeres más que a Dios, por lo que no soportan la sana doctrina. Les punzan sus oídos, de modo que ansían algo más que la sana doctrina y los caminos santos. Buscan maestros por todas partes y se frotan las orejas para aliviar sus anhelos". Es lamentable que muchos de los llamados cristianos de hoy, necesiten montones de piedras para frotarse los oídos. Y eso es así porque no soportan la sana doctrina. Creo que esa es una descripción de las iglesias, protestantes y evangélicas que conviven en estos tiempos.

A la luz de las predicciones, enseñanzas y normas del Nuevo Testamento, ¿es falso lo que acabo de decir sobre la condición religiosa prevaleciente? ¿Es poco amoroso lo que he dicho sobre la situación predominante? ¿Es algo extremo? No creo que lo sea, pero solo te pido que hagas una cosa: observa a tu alrededor y considera tu propio corazón. Analiza cuál de estas imágenes describe las iglesias que conoces.

CAPÍTULO 12

EL CONCEPTO BÍBLICO DE LA IGLESIA

Alrededor del comienzo de la Primera Guerra Mundial tuvimos una visitación en Estados Unidos, no de poder espiritual, sino de lo que he llamado *proliferación de tabernáculos*. Cualquiera con una buena personalidad y habilidad para predicar comenzaba un tabernáculo a la vuelta de la esquina, conseguía una multitud, saldría de las iglesias y procedería a burlarse de ellas. Puedo entender por qué hubo tal revuelta: sucedió porque las iglesias estaban bastante muertas. Se gastó mucho dinero en la edificación de esos tabernáculos pero, a menudo, sus fundadores se iban de la ciudad y nadie más podía mantenerlos, por lo que la multitud se alejaba. Los propietarios de esas hipotecas ejecutaron las deudas y aquellos edificios quedaron vacíos.

La depresión acabó con ese movimiento. Nadie tenía dinero, así que no valía la pena fundar iglesias. Como resultado, sin embargo, quedaron vacíos innumerables edificios eclesiales en todo Estados Unidos. Sin utilidad alguna, pero lo más perjudicial que dejaron fue una mala y peligrosa filosofía. Esa filosofía es, en realidad, una teología peligrosa con respecto a la iglesia. La iglesia fue expulsada y se dijo que no tenía importancia: ven cuando quieras, vete cuando debas; no hay credo sino Cristo, no hay más ley que el amor, no hay más pastor que Jesús, no tienes que ser miembro de nada. Esta filosofía nos arrasó como la playa después de una tormenta cuando el viento la azota.

Ahora es tiempo de que reconsideremos este asunto de la iglesia. La mayoría de la gente piensa en la iglesia como un hecho social familiar. Su actitud hacia el protestantismo, en general, es algo natural; incluso los cristianos promedio, piensan que están a favor de la iglesia. La favorecen de la misma manera que apoyan la maternidad, la decencia y el saneamiento. Es tan aceptada como una norma que nunca cuestionamos ni dudamos. Si alguien cuestiona o duda, es considerado comunista o ateo. La gente da su dinero solo para apoyar lo que cree conveniente.

Pero me pregunto cuántos alguna vez se sientan y dicen: "¿Qué es esto? Quizás la iglesia es simplemente algo que está aquí; no tiene ningún valor y no tiene ninguna razón para estar aquí". ¿Cuántos cristianos, en la actualidad, han escudriñado alguna vez las Escrituras con una seria carga en sus corazones por saber qué es la iglesia? ¿Es simplemente un acuerdo que se concreta? ¿Cuántos cristianos alguna vez han orado fervientemente pidiendo que Dios les aclare las cosas al respecto?

Parece que la persona promedio gasta más tiempo y trabajo intelectual cada año llenando formularios de impuestos sobre la renta que lo que emplea tratando de aprender de las Escrituras y de la luz del Espíritu en cuanto a lo que es la iglesia y lo que él o ella desea o debería hacer al respecto. ¿Por qué está la iglesia en el mundo? ¿Qué quiso decir Jesús cuando afirmó: "Sobre esta piedra edificaré mi iglesia, y las

puertas del reino de la muerte no prevalecerán contra ella"
(Mateo 16:18)? Si las personas dedicaran tiempo y esfuerzo
a reflexionar, buscar soluciones, pensar, discernir y pasar por
todo el proceso necesario para estudiar lo que es la iglesia en
la misma manera en que lo hacen con sus declaraciones de
impuestos anuales, estoy seguro de que podrían descubrir respuestas asombrosas.

Hay que entender la iglesia universal

Cuando sepamos qué es la iglesia universal, entenderemos
qué es una iglesia local. La congregación promedio es en
gran medida una organización social en la que personas bien
intencionadas se reúnen y se conocen. Los une el café, el té, la
amistad, las celebraciones y cosas por el estilo. Cosas que son
inofensivas. Pero cuando sepamos lo que realmente es la iglesia, entenderemos que aun cuando estas cosas sean buenas —
al margen de la iglesia— no son el verdadero propósito de ella.

Reunirse, estrecharse la mano y tomar café son cosas perfectamente legítimas, aunque no necesitamos de ello, no es eso
lo que nos mantiene unidos. Si esas actividades son las que nos
mantienen unidos, no tenemos una iglesia; tenemos otra cosa.
Por desdicha, también podríamos admitirlo: eso es, a menudo,
todo lo que tienen la mayoría de las iglesias.

Sin embargo, lo primero que debemos saber es la filosofía
acerca de la iglesia. ¿Qué es la iglesia? Quiero usar tres ilustraciones para mostrar lo que es la verdadera Iglesia de Jesucristo.

La novia de Cristo

Primero, la iglesia es la novia de Cristo. Jesús fue un hombre
completo. Tenía toda la naturaleza de un hombre, pero nunca

se casó. Podría haberlo hecho, pero no lo hizo. Nunca tuvo novia humana, aunque era un hombre verdadero y completo. Nunca se casó con la hija de una mujer para representar su casamiento con toda su Iglesia, la novia.

Una verdadera iglesia local es la novia de Cristo en miniatura. Todo lo que está en toda la iglesia de Cristo debe ser recapitulado en la iglesia local. La iglesia, parte de ella en el cielo y parte de ella en la tierra, es la novia de Cristo. Nuestro Señor Jesús limpió a su novia, la regeneró y la preparó. Él regresará para tomarla a ella, a toda la Iglesia, como su novia.

Pero cualquier iglesia local es una representación de la iglesia completa, así como —por ejemplo— las elecciones nacionales en las que una elección local representa la nacional. En una y en otra se expresa la misma libertad. Se postulan los mismos candidatos. Hablan el uno del otro; alegan su propio valor, colocan boletines y hacen lo mismo en pequeña escala de lo que hacen a nivel federal. Puede que no sea la mejor ilustración, pero es para representar toda la novia de Cristo. Cualquier iglesia local es lo que es la iglesia entera, solo que en miniatura.

Esposos, amen a sus esposas, así como Cristo amó a la iglesia y se entregó por ella para hacerla santa. Él la purificó, lavándola con agua mediante la palabra, para presentársela a sí mismo como una iglesia radiante, sin mancha ni arruga ni ninguna otra imperfección, sino santa e intachable. Así mismo el esposo debe amar a su esposa como a su propio cuerpo. El que ama a su esposa se ama a sí mismo, pues nadie ha odiado jamás a su propio cuerpo; al contrario, lo alimenta y lo cuida, así como Cristo hace con la iglesia.

—Efesios 5:25-29

Esta figura extraída de los cónyuges se aplica directamente a Jesucristo y su Iglesia. Así como un joven no se casaría con una novia de dudosa reputación, Jesucristo no se casará con una iglesia que tenga manchas, arrugas o imperfecciones. Él desea una iglesia gloriosa y quiere amar esa iglesia como un hombre ama a su propia esposa.

Había un hombre llamado Adán, fue el primer soltero. Dios le dijo a Adán que llamara a todos los animales y les diera nombre. Según la Biblia, los nombres se dieron según la naturaleza de los animales. Adán le asignó su apelativo al oso por la naturaleza de esta bestia y al león por la naturaleza leonina. Pero entonces, cuando Adán termina de darles nombres a todos esos animales, vemos en la Biblia este conmovedor comentario: "Sin embargo, no se encontró entre ellos la ayuda adecuada para el hombre" (Génesis 2:20).

Algunas personas piensan que eso solo significa que todavía no existía la mujer. Pero lo que significa es que Dios y Adán aún no habían encontrado a nadie que tuviera la naturaleza como la de este último. Adán debía tener a alguien que fuera satisfactorio para él. Pero nadie era digno de él. Tenía que haber alguien con su naturaleza. No había nadie apropiado porque el resto de los seres vivos eran las bestias del campo y las aves del cielo, los cuales no tenían la misma naturaleza que Adán, que fue hecho a imagen de Dios.

Entonces Dios le dijo a Adán que se acostara. Adán obedeció y se durmió profundamente. Allí en estado anestésico, Dios operó al hombre y le sacó una costilla del pecho. Entonces Dios modeló la costilla en forma de mujer, le dio vida y la llamó varona, dadora de vida para que diera vida a toda la raza. Cuando Adán despertó de su sueño, miró a su alrededor y vio a Eva. Ella se veía muy bien. Adán conoció a Eva, esta concibió un hijo y así comenzó la carrera.

Pero entonces hubo otro Adán. El apóstol Pablo en 1 Corintios 15 nos habla de un segundo Adán, el postrer Adán: Jesucristo el Señor. Este tenía una naturaleza que era divina. Era divino, Dios en carne. Jesús era un hombre perfecto y completo, pero no se casó con hija de mujer. No se casó con hija de mujer porque no hubo ninguna digna de él.

Tal como había hecho con Adán, Dios puso a Jesús en la cruz en un sueño profundo y le abrió el costado. De ese costado no brotó una costilla sino agua y sangre. Con esa agua y esa sangre Dios está lavando, limpiando y preparando una esposa digna de su Hijo Jesús.

Dios no creó a Eva de la nada como lo hizo con Adán, sino que la creó del costado herido de Adán. Aun así, el Señor no está creando una raza que no existe ahora para que sea su iglesia. Toma la raza que ya existe —ciertos miembros de ella— y la lava en la sangre que salió del costado herido de su Hijo. Entonces por el Espíritu Santo, le da la naturaleza de Cristo a la novia, para que sea digna de él.

No hubo entre las hijas de Eva una que fuera apropiada y satisfactoria para Jesús. Por lo tanto, se está preparando una esposa que tiene su naturaleza, como Eva tenía la del esposo de cuyo costado salió. Un teólogo señaló cierta vez que Dios tomó el hueso del que hizo a la mujer no de la cabeza de Adán, para que ella pudiera enseñorearse de él; no de sus pies, para que él se enseñoreara de ella; sino de su corazón, para que ella lo comprendiera y él la amara. Eso es lo que es la iglesia: la Novia de Cristo.

Si eres miembro de la verdadera iglesia de Cristo, entonces eres miembro de la compañía que compondrá la verdadera novia de Cristo. Como iglesia local, somos una miniatura de la novia de Cristo.

El cuerpo de Cristo

Una segunda descripción de la iglesia es el cuerpo de Cristo. Jesucristo es la cabeza y, como cabeza de su iglesia, él la dirige. Mis manos se mueven porque mi cabeza se lo ordena. Mi cabeza dirige mi cuerpo. La cabeza de una iglesia local no es el pastor, sino Jesucristo el Señor. Él es la cabeza de la iglesia universal, de la cual la iglesia local es parte. Una iglesia local no es todo el cuerpo de Cristo, pero en miniatura es el cuerpo de Cristo.

Tercero, la iglesia se representa como un arca sobre las aguas del diluvio. Así como el arca de Noé flotaba sobre las aguas y llevaba dentro a todos los que serían salvados, la iglesia de Jesucristo también es un arca sobre las aguas del diluvio y lleva a todos los que serán salvados. ¡Recuerda eso! Todos los que están en el arca se salvan y todos los que están fuera del arca perecen. A nuestro alrededor hay un mundo que perece, pero nosotros flotamos sobre él en una pequeña arca llamada la iglesia. Todo lo que no está en la iglesia, el arca, perecerá.

Es probable que digas: "Espera un minuto. ¿Quieres decir que si no te unes a la 'Iglesia del Camino Real', te perderás?". No, lo que sí digo es que la iglesia es el arca que lleva dentro a los rescatados y que dentro de ella está la vida. Fuera de la iglesia viviente de Cristo están los perdidos. Adentro están los salvados. No eres salvo por unirte a una iglesia, lo cual es un error que cometen las iglesias locales.

Todos los animales entraron en el arca de Noé por la puerta. Cristo es la puerta de la iglesia y todo el que quiera salvarse debe entrar por esa puerta. No hay otra arca sobre el diluvio. Supongamos que alguien dijera: "Bueno, espera un minuto. No seas tan terco, sé tolerante. No queremos entrar en el arca de Noé; queremos un arca propia". Bueno, no había otras arcas en el diluvio. El asunto era entrar en el arca de Noé o perecer. Unos pocos entraron en ella y Dios preservó a la raza.

En la iglesia de Cristo, Dios está salvando a un pequeño número del diluvio. El error fatal es la vida independiente: decir que eres cristiano, pero no te asocias con ninguna iglesia. Eres cristiano, pero no sientes la necesidad de unirte a una congregación. Es cierto que hay hipócritas en la iglesia, no en la iglesia verdadera, sino en la asamblea local. Incluso Jesús tuvo su Judas. La asamblea local y la verdadera Iglesia de Cristo a veces no son sinónimos.

A veces vienen personas a la iglesia local que nunca han pertenecido a la Iglesia universal. La gente se une a una iglesia que nunca ha nacido en la Iglesia verdadera. Algunas iglesias en realidad abren las puertas y dicen: "Ahora cantaremos el himno de clausura para aquellos que quieren unirse a la iglesia. Pasen al frente". Al Capone o Charles Manson podrían entrar y unirse a la iglesia local. Nadie les pregunta nada; simplemente aceptan a cualquiera. Yo no creo en eso en absoluto y sé que tú tampoco.

Entra primero en la iglesia universal

Creo que si vas a entrar a una iglesia local, primero debes pertenecer a la Iglesia universal, la cual Jesús compró con su propia sangre. Debes entrar a la iglesia mediante el nuevo nacimiento, a través del Espíritu Santo y la regeneración. Solo así deberías unirte a una asamblea local. Es imposible recibir a Cristo y rechazar a su pueblo. ¿Cómo encuentras al Pastor? ¡Ve donde están las ovejas! Si no sabes dónde está el Pastor, ve a donde están las ovejas. En igualdad de condiciones, ahí es donde encontrarás al Pastor. Quien recibe a Cristo debe recibir también a su pueblo. Jesús dijo: "Quien los recibe a ustedes me recibe a mí" (Mateo 10:40). El que rechaza a la Novia, rechaza al Esposo, y quien rechaza al rebaño, rechaza al Pastor. Creo que eso es lo suficientemente claro.

Considere la siguiente ilustración: dos pares de jóvenes se casan en junio con sus respectivas esposas. Una es una pareja cristiana y tiene una visión seria de la vida. Su hogar está lleno de amor y esperan tener una familia. Los otros dos también se aman, al estilo de Hollywood, y esperan bucear, esquiar en el agua y simplemente divertirse. No quieren hijos. Con el tiempo, después de dos o tres años, ambas mujeres tienen un bebé; uno era querido y el otro no.

Los padres cristianos miran a su pequeño bebé, con sus corazones radiantes y dicen: "¿No es absolutamente maravilloso?". Esta primera pareja posee un sentido de sacralidad, por lo que oran, planean y dicen: "¿Acaso no fue bueno Dios al darnos a esta criatura?". Y esa hermosura de bebé se convierte en un don espiritual para ellos. Saben que cuando crezca será como las demás personas —que tendrá defectos y rabietas— pero la toman como un regalo de Dios. Criar a ese pequeño bebé se convierte en una especie de sacramento para ellos.

La otra pareja tiene a su criatura y, por supuesto, la aman, pero nunca la ven como lo hace la otra familia. Nunca se les ocurre orar y, tan pronto como ella tiene la edad suficiente, buscan una niñera que la atienda y ellos siguen en su usual diversión. El punto es que la primera pareja entendió la santidad de su bebé. La otra no estaba pensando en lo sagrado de su bebé, sino en divertirse. Tomaron al bebé como un mal necesario que aprendieron a querer después de un tiempo.

Esta ilustración también es útil para ver la iglesia desde dos perspectivas. Supongamos que no sé lo que es una iglesia, pero quiero venir a una de ellas por la cuestión social y me uno a ella porque creo que sería mejor entrar que no hacerlo. En ese caso asumo la misma actitud hacia la iglesia que la segunda pareja tuvo hacia su bebé. La experiencia no tiene el brillo de lo sagrado. Pero si veo que hay una gran iglesia que está siendo salvada de la destrucción, así como Noé y su familia fueron salvados, y considero que la iglesia está en todo el mundo en grupos que conviven, empiezo a ver lo sagrado de la iglesia local.

¡Qué actitud tomarás tú en cuanto a la iglesia! Dirás: "Qué hermoso que haya entrado". La iglesia brillará para ti y tendrá un sentido de sacralidad. Si encuentras alguna mancha en la iglesia, harás lo que la joven pareja cristiana hizo con su bebé: corregirla.

Si deseas tener comunión con la iglesia, si no te has unido a ella formalmente, hay dos formas de hacerlo. Una es confesarte pecador y orar en público, donar dinero, mostrar entusiasmo y llenar una tarjeta. La otra es hacer primero lo primero —unirse a la Iglesia universal— y, entonces, también llenas una tarjeta.

Confesión pública

Una parte importante que debe hacer el que se une a la iglesia es su confesión pública. ¿Por qué quiere el Señor que hagamos una confesión pública?

La Biblia declara:

> ¿Qué afirma entonces? "La palabra está cerca de ti; la tienes en la boca y en el corazón". Esta es la palabra de fe que predicamos: que, si confiesas con tu boca que Jesús es el Señor y crees en tu corazón que Dios lo levantó de entre los muertos, serás salvo. Porque con el corazón se cree para ser justificado, pero con la boca se confiesa para ser salvo.
>
> —Romanos 10:8-10

Con el corazón se cree y con la boca se confiesa. Ambas cosas son necesarias para la salvación. Incluso el ladrón en la cruz hizo su pobre y lamentable confesión.

Por eso Dios quiere que tengamos comunión unos con otros, que nos reunamos y le digamos al mundo —y nos confesemos unos a otros— porque con la boca se confiesa para salvación. Mi súplica es para aquellos que nunca han pasado por la maravilla de la regeneración del nuevo nacimiento a que tomen esto en serio. Recuerda que entras al arca por la puerta, Jesucristo es la puerta. Si rechazas al arca, rechazas la puerta, y si rechazas la puerta, perecerás en el diluvio.

Debes nacer en la familia

Para llegar a ser miembro del cuerpo de Cristo y unirte a la novia de Cristo, debes nacer en la familia de Cristo. Eso sucede cuando crees en tu corazón que Jesús es el Señor y confiesas tu fe con tu boca a la gente. Eso es razonable, no entiendo por qué alguien debería criticarlo.

Supón que estás en algún lugar del mundo y alguien te pregunta tu nacionalidad. ¿Hay alguien aquí que se avergonzaría de decir de dónde eres? ¿Por qué, entonces, deberían pasar por la vida siendo cristianos en secreto, demasiado asustados, demasiado asustados para decir: "Soy cristiano"? Si Jesucristo te ha honrado encontrándote y poniendo su mano sobre ti, no debes avergonzarte de él nunca. Deberías poder pararte en cualquier lugar, en cualquier momento y decir: "No me importa quién lo sepa. Soy cristiano". Es lo único de lo que debes estar orgulloso.

Quiero que el mundo sepa que soy cristiano. Al leer las vidas de los santos, sé que tengo un largo camino por recorrer, ¡y quiero que tú también lo sepas! Tengo una lengua afilada y una manera brusca, y a veces digo cosas que hieren los sentimientos. No quiero herir los tuyos. Solo perdona a un tipo que es demasiado tonto para saberlo mejor. Puede que no sea un buen cristiano, pero sigo siendo cristiano. Soy miembro del cuerpo de Cristo. Estoy en el arca junto con los pocos bienaventurados que han sido honrados por Dios con la gracia, y por eso no me avergüenzo y no quiero que ustedes tampoco se avergüencen.

¡Queremos una iglesia viva y separada del mundo, cabeza arriba, rodillas dobladas! Claro que podemos tener nuestras fiestas, reuniones, celebraciones y para tomar café. No hay nada de malo en eso, siempre que sepamos que no lo necesitamos. Esas actividades son algo aparte para que podamos relajarnos. Jesucristo es nuestro centro, por lo que la forma de entrar es a través de la fe y la confesión.

CAPÍTULO 13

UNA IGLESIA MODELO

Mucha gente en la iglesia imita modelos, pero algunos cristianos han tendido a desviarse siguiendo corrientes, modas y hábitos. Desearíamos que fuera diferente, pero a lo largo de los años hemos sido como un rebaño de ovejas siguiendo a cualquiera que parezca pastor. Surge cualquier modelo y lo seguimos. La autoridad moral de la iglesia tiende a declinar cuando elige el modelo equivocado o uno inadecuado. Ahora no me interrumpas ni me digas: "Jesús es nuestro modelo". Sé que él es nuestro modelo; debería ser el único modelo. Pero el hecho es que no lo es. Él debería ser el ejemplo a seguir de las iglesias, pero Jesucristo tiene tanta autoridad en la iglesia protestante promedio como yo la tengo en la iglesia católica promedio.

Escuché sobre un científico, Jean Henri Fabre, que estudiaba una especie de orugas. Agarró un enorme recipiente redondo, una gran vasija de barro, y colocó muchas orugas conocidas como "gusanos soldados" alrededor del borde exterior, una tras otra. Luego las puso en movimiento. En realidad, no tuvo que ayudarlas a empezar, ya que se les llama gusanos soldados porque siempre están marchando. Por lo que Fabre pudo decir, ninguna oruga sabía dónde iba: simplemente seguía la cola de la que iba delante de ella, y la que iba detrás seguía su cola. Cada una seguía a la que iba delante hasta que dieron la vuelta completa al llegar de nuevo a la oruga original que seguía la cola de la que estaba delante de ella. Dieron vueltas y vueltas alrededor de la vasija. En la naturaleza, los gusanos soldados marchan a través de los bosques y los arbustos en línea recta. Pero como habían sido engañados y puestos en un camino circular, dieron vueltas y vueltas hasta que uno tras otro se cayeron.

En Estados Unidos y otras naciones de la antigua Europa podemos ver hermosas iglesias pequeñas con las puertas clavadas; iglesias en las que todos esos benditos gusanos soldados religiosos que una vez andaban en círculo se cayeron y fueron enterrados en el patio trasero. Ahora no hay nadie allí; todos se fueron. Corrieron, se persiguieron y se tomaban como modelos ellos mismos. Ahora todo ha terminado y no quedan más que lápidas, zarzas verdes, murciélagos y recuerdos.

La iglesia de Tesalónica, por ejemplo, tomaron los modelos correctos. Esos modelos fueron Dios y el apóstol Pablo. Debido a que adoptaron los modelos correctos, otras personas también los tomaron a ellos por modelos. Pablo estaba contento y feliz de que otras personas, incluidos los macedonios y los aqueos, estuvieran hablando de los cristianos de Tesalónica. Por eso dijo: "Partiendo de ustedes, el mensaje del Señor se ha proclamado no solo en Macedonia y en Acaya, sino en todo lugar; a tal punto se ha divulgado su fe en Dios que ya no es necesario que nosotros digamos nada. Ellos mismos cuentan de lo bien que ustedes nos recibieron, y de cómo se convirtieron a Dios dejando los ídolos para servir al Dios vivo y verdadero" (1 Tesalonicenses 1:8-9).

La iglesia de Tesalónica era una grey modelo como me gustaría que fuera nuestra iglesia de hoy. Debemos ser una congregación ejemplar, que cuando la gente se entere diga que es una iglesia cristiana, si alguna vez lo fue.

Si alguien va a seguir a otras personas, entonces debe seguir al tipo correcto de personas en la dirección correcta. Si los religiosos van a desfilar, entonces debemos hacerlos marchar de la manera correcta. En gran medida, a los evangélicos se les han dado modelos erróneos. Aunque hablamos del Señor Jesús y luchamos por los credos que dicen que él es el Señor de la gloria, él tiene muy poco que decir entre nosotros. ¿Quién incluso pretende obedecer las instrucciones del Sermón del Monte? Algunos dispensacionalistas hasta lo han descartado, por lo que ya ni siquiera es teológicamente necesario creer en ello. Eso pertenece a alguna otra dispensación. Eso prácticamente descarta todo el tema. ¿Quién pretende siquiera obedecer la epístola de Primera de Corintios que trata sobre el matrimonio, el litigio y la Cena del Señor?

Características de una iglesia modelo

La iglesia modelo debe encarnar ciertas características. Una importante es seguir el orden del Nuevo Testamento dejando que las Escrituras decidan los asuntos.

Conocí a un hombre de la India que consiguió un Nuevo Testamento, se convirtió y comenzó a predicar, pero no tenía ninguna formación. Es decir, empezó desde cero. No tenía antecedentes ortodoxos griegos, católicos romanos ni protestantes. Simplemente empezó desde el principio. No sabía nada acerca de las iglesias. Solo testificó: "Lo que hice cuando tuve un problema en la iglesia fue ir directamente al Nuevo Testamento y resolverlo. Dejé que el Nuevo Testamento me dijera lo que tenía que hacer". El resultado fue que Dios lo bendijo grandemente a él y a su obra en la tierra de la India.

Eso es lo que me gustaría ver en nuestra iglesia: el orden del Nuevo Testamento al dejar que las Escrituras decidan los asuntos. Cuando se trata de una pregunta, cualquier que sea, ¿qué dice la Palabra de Dios? Todas las creencias y prácticas deben ser probadas por la Palabra; no copiar los métodos no bíblicos de la iglesia. Debemos dejar que la Palabra de Dios decida.

También quisiera tener en nuestro cuerpo el poder del Espíritu de Cristo. He dicho que la iglesia evangélica promedio podría arreglárselas sin el Espíritu Santo, y muchas lo hacen. Estamos orando por un avivamiento. ¿Qué es el avivamiento? Es cuando el Espíritu Santo se encarga de la obra que es suya, en vez de ser usado solo para dar bendición. Es cuando se convierte en el jefe ejecutivo de la iglesia y la dirige. "Pero, cuando venga el Espíritu Santo sobre ustedes, recibirán poder" (Hechos 1:8). Eso significa que el Espíritu del cielo debe venir a una compañía en la tierra con sus dones, poder y gracia que lo prevalecen todo, con su vida, su iluminación y su discernimiento. Esto no es fanatismo; esta no es una religión extraña. Esto es justo lo que la Biblia enseña.

Como iglesia, también debemos encarnar en un grado supremo los propósitos por los cuales existimos. Hay tres propósitos por los cuales estamos en la tierra: para adorar, para testificar y para trabajar. Cuando las personas se convierten, inmediatamente cambian de ciudadanía. Ya no son ciudadanos de la tierra sino de manera temporal. Ahora son ciudadanos del cielo.

Abraham, cuando descendió de Ur de los caldeos, fue llamado hebreo, hombre del otro lado del río, extranjero. Hablaba con acento. Trajo diferentes hábitos: alimenticios, de vestir, de habla y otras costumbres. Los trajo de Ur de los caldeos. Era un hombre diferente, un extraño y un extranjero allí.

Al instante cambiamos de ciudadanía

Los cristianos, cuando nacen de Dios, inmediatamente cambian de ciudadanía y se convierten en peregrinos y forasteros aun cuando solían ser simples ciudadanos. Cantamos un himno muy popular que dice: "Soy peregrino aquí / mi hogar lejano está lejos / en la mansión de luz...". ¿Por qué entonces Dios nos deja aquí? ¿Por qué estamos aquí? Todos los que nacen de nuevo tienen naturaleza novedosa. Dios se convierte en nuestro Padre y Jesús en nuestro hermano; nosotros, a la vez, nos convertimos en morada del Espíritu y el cielo en nuestra patria. ¿Por qué, pues, somos dejados aquí en la tierra entre extraños? Estamos aquí para adorar, testificar y trabajar; para esas tres cosas.

Estamos aquí para adorar

Nuestra adoración debe ser en el Espíritu. Jesús dijo: "Dios es Espíritu; y los que le adoran, en espíritu y en verdad es necesario que adoren" (Juan 4:24). Para adorar de tal manera que Dios acepte dicha adoración, debe haber un compromiso individual con Cristo y una purificación interior a sangre y fuego. Debe haber separación del mundo, de sus opiniones, hábitos y valores. Pero en este tiempo estamos saliendo de un período en el que la gente estaba tan ansiosa por hacer conversos que cayeron en una trampa de la que Jesucristo les advirtió. Él dijo: "¡Ay de ustedes, maestros de la ley y fariseos, hipócritas! Recorren tierra y mar para ganar un solo adepto, y cuando lo han logrado lo hacen dos veces más merecedor del infierno que ustedes" (Mateo 23:15).

Estamos llegando a ese período en el que Juan 3:16 era el único versículo que la gente usaba. Decían: "El Señor los ama a todos. Vengan, vengan, vengan" y todos se convertían. Así que la gente acudían a Cristo, pero sus conversiones eran al revés. En vez de que el pueblo se convirtiera al reino de Dios, la iglesia se convirtió a sus propios hábitos y caminos. No había separación del mundo; las opiniones y los hábitos mundanos entraron en la iglesia.

¿Quieres que Dios te bendiga? Dices: "Queremos que Dios nos bendiga. Creemos que el Señor viene". ¿Leíste la Biblia o viste más la televisión esta semana? Piensa en el tiempo que has dedicado. ¿Cuántos períodos de media hora pasaste con tu Biblia y cuántos con tus diversiones? No tomamos nuestra fe lo suficientemente en serio.

Estamos aquí para ser testigos

Estamos aquí para adorar; estamos aquí para deshacernos de los hábitos y valores del mundo; y estamos aquí para ser testigos. ¿Qué es un testigo? Testigo es alguien que da testimonio de una experiencia personal. ¿Has pensado alguna vez en la situación sin esperanza y antibíblica en la que nos encontramos ahora en las iglesias evangélicas? El predicador es el único ganador de almas. Si él no sale adelante y gana almas, la iglesia decae. El Señor nunca tuvo la intención de que eso fuera así. Él dijo que todos deberíamos ser testigos.

¿De qué debemos testificar o ser testigos? Somos testigos solo de nuestras experiencias personales. Ve a un tribunal de justicia y di: "Bueno, la tía Mabel me dijo..." y lo callarán de inmediato. No nos importa lo que dijo tía Mabel. ¿Qué sabes tú? ¿Qué viste? ¿Qué sentiste? ¿Qué escuchaste? ¿Qué probaste? ¿Qué dices en base a tu experiencia personal? El Señor dice: "[Ustedes] serán mis testigos" (Hechos 1:8). Ve a decirles eso a todos.

Sin embargo, supongamos que alguien dice: "¿Cómo sabes eso?". Entonces podemos sonreír y decir: "Estuve presente allí, por eso lo sé". Me convertí y sé que me convertí. Estuve ahí, en ese escenario, así que lo sé. Nadie puede discutírmelo.

Cuando era joven, solía leer libros que trataban sobre el ateísmo. Intenté familiarizarme lo mejor que pude con todo lo que estaba en contra del cristianismo. Deliberadamente compré y leí libros destinados a demostrar que el cristianismo no era cierto, que la Biblia era un engaño, que Jesucristo era un mito y que todo era un autoengaño subjetivo. Cuando leí todos esos libros no pude contestar sus planteamientos. No sabía cómo responderles, pero sabía una cosa. "Esperen un minuto", les diría a los autores. "Sucede que lo sé. Yo estaba allí. Están tratando de convencerme con razonamientos, pero les puedo decir por experiencia que lo sé". Más de una vez me puse de rodillas y con lágrimas adoré a Jesucristo, el Hijo de Dios. No sabía las respuestas a sus argumentos, pero conocía a aquel contra quien estaban arguyendo. Un testigo es alguien que ha estado presente y que afirma lo que sabe por experiencia.

Estamos aquí para trabajar

La tercera razón por la que estamos en el mundo es para hacer buenas obras. A eso lo llaman benevolencia en las iglesias. Llega un tipo en un automóvil lujoso, su mujer se baja ataviada con un auténtico abrigo de piel. Él se estaciona y finalmente entra vestido con un fino traje de lana. Los miembros de la iglesia pasan el plato donde se deposita la ofrenda de benevolencia y él pone una moneda de diez centavos. Le debemos al mundo nuestras buenas obras. Dios ungió a Jesucristo con Espíritu Santo y poder, y Jesús anduvo haciendo bien y sanando a todos los oprimidos por el diablo. Jesús hizo buenas obras y dijo: "Como el Padre me envió a mí, así yo los envío a ustedes" (Juan 20:21). Tú y yo estamos en el mundo, no para poner un centavo de disculpa en la canasta; estamos aquí para compartir con otros lo que tenemos, en todo el mundo.

Imploro a Dios Todopoderoso que no gaste toda mi vida solo en mí y que nadie lamente mi partida cuando ya no esté. Existe la plena posibilidad de lograrlo. Hacer buenas obras tampoco es solo benevolencia. Es hacer buenas obras por amor a Jesucristo. Por eso estás aquí. De lo contrario estarías en el cielo, sentado afinando tu arpa. Sin embargo, estás aquí abajo. Así que dedícate a hacer buenas obras.

¿Cómo hago buenas obras? Puedo hacerlas con oración y con mi dinero. Hay un hermoso pasaje en el que Jesús cuenta una parábola y luego la explica. Él dice: "Por eso les digo que se valgan de las riquezas mundanas para ganar amigos, a fin de que cuando estas se acaben haya quienes los reciban a ustedes en las viviendas eternas" (Lucas 16:9). El viejo avaro más tacaño que jamás haya vivido solo necesita dos centavos cuando esté muerto, uno para cada ojo (lo que es una tradición en algunos pueblos). En otras palabras, mediante el uso correcto y generoso de mi dinero puedo bendecir a personas que nunca he visto. Cuando llegue el final y el dinero ya no me ayude, habrá gente allí y Dios les dirá: "Este es el hombre que te mantuvo dos años cuando eras un niño desplazado. Su dinero te ayudó". Ellos nunca supieron quién era el que los ayudaba. Las buenas obras son hermosas, las iglesias deberían estar haciéndolas.

¿Es fanatismo que una iglesia deba adorar, testificar y trabajar? No lo creo. Si hacemos bien esas tres cosas, nos quedará muy poco tiempo para nada más.

Supongamos que alguien pregunta: "¿Qué haces?". Hay todo tipo de cosas que puedes hacer. Puedes orar y puedes estar atento a las oportunidades providenciales que Dios te presenta. Puedes hacer buenas obras y seguir a Jesús, que fue ungido con el Espíritu Santo para hacer buenas obras.

Debe haber un cambio en la forma de vida

Esto es lo que me duele y creo que también aflige al Espíritu Santo: mis oyentes se elevan emocionalmente ante este llamado, pero no lo confirmarán con el correspondiente cambio en su forma de vida. Su bondad es como las nubes de la mañana: a las nueve en punto, el sol ha disipado la niebla. Esto es lo que sucede con las buenas intenciones de muchas personas. Se elevan emocionalmente cuando un mensaje afirma que somos una iglesia neotestamentaria, que nos convertimos en una iglesia modelo, que seguimos el orden del Nuevo Testamento y la guía del Espíritu Santo en cuanto a adorar, trabajar y testificar. Se elevan emocionalmente, pero no confirmarán sus emociones a través de los cambios que deben manifestar en su estilo de vida.

Quieren ser bendecidos por Dios, pero que sea de acuerdo a los términos de ellos. Acuden a Dios pidiendo la victoria, pero no pondrán en línea sus ofrendas. No practicarán la oración familiar y huirán de ella. No dedicarán tiempo a la oración en secreto y no perdonarán a quienes los hayan agraviado. No buscarán reconciliarse con aquellos con quienes se han peleado. No tomarán sus cruces ni dirán: "Jesús, yo he tomado mi cruz, estoy dispuesto a seguirte".

¿Cómo actuaría la iglesia modelo? ¿Piensas que alguna vez puede hacer obras buenas?¿Hay muchas cosas malas en nosotros? ¿Somos como una persona mayor que tiene todos los órganos del cuerpo dañados? El médico examina a la persona y dice: "No hay nada que pueda hacer por usted. Vaya a casa y espere". ¿Somos así? ¿O hay alguna esperanza?

Creo que hay esperanza. Va a costar un poco. De hecho, va a costar bastante. "Si alguien quiere ser mi discípulo, tiene que negarse a sí mismo, tomar su cruz y seguirme" (Mateo 16:24). Llevar una cruz a cuesta no es nada divertido. ¿No es extraño que Jesús hiciera de una cruz sangrienta y llena de dolor el símbolo de su fe? Las iglesias modernas han hecho de la diversión un símbolo de su fe. Me duele en el alma, quiero esconder mi rostro entre mis manos y sollozar delante de Dios cuando escucho, como a menudo sucede, a unos jóvenes preciosos —por los que daría mi sangre— levantarse y decir en voz baja: "Ah, me alegra mucho haber descubierto que no tienes que ser pecador para divertirte. También nos divertimos en la iglesia. Puedes seguir a Jesús y divertirte". Luego se sientan muy satisfechos. ¡Qué clase de traición han sufrido! La cruz es el símbolo de la vida cristiana. Pero no tomaremos nuestra cruz. No perdonaremos a nuestros enemigos. No nos reconciliaremos.

Un montón de hojas muertas

La iglesia promedio es simplemente un montón de hojas muertas, carnales, sin vida. La organizamos, donamos para apoyarla y mantenerla. Sin embargo, no tenemos nada más que hojas carnales que arderán en el infierno cuando nuestro Señor regrese.

Creo que hay esperanza y creo que hay mucha. Va a requerir un poco de valor y determinación, al igual que una buena cantidad de oración y disposición para llevar la cruz. Pero tendremos a Dios de nuestro lado, y prefiero tenerlo a él que a todos los ejércitos del mundo. Él confirmará la palabra de su siervo; él llevará a cabo el consejo de su mensajero. "Ante ellos convertiré en luz las tinieblas, y allanaré los lugares escabrosos. Esto haré, y no los abandonaré" (Isaías 42:16). Él dará fruto si confiamos en él y nos atrevemos a creer. ¿Tienes el valor de cambiar tu hogar para adaptarlo a la voluntad de Dios? ¿Tienes el coraje para alinear tu negocio con la voluntad de Dios? ¿Tienes la valentía que se requiere para adecuar tu vida a la voluntad de Dios y purgar todo lo que no sea de él? Todavía tenemos que saber cuán desesperadamente necesitamos que Dios haga algo en este día terrible en el que vivimos, tiempos de mundanalidad, carnalidad, competencia y vanagloria. ¡Cómo necesitamos a Dios! ¡Cómo necesitamos a Cristo! ¡Cómo necesitamos al Espíritu Santo! Necesitamos una vida limpia, santificación y pureza de corazón. Entonces el Espíritu del Dios vivo vendrá sobre nosotros.

Algunos dicen: "Lo que estás predicando es un asunto sombrío". Cuando los moravos pasaron por esto, Dios los ungió. Los historiadores dicen de ellos que salieron de la iglesia sin saber si todavía estaban en la tierra o si ya habían muerto y se habían ido al cielo. El gozo del Señor que tenían era radiantemente hermoso, por lo que se convirtieron en personas felices.

"John Wesley", dijo el Dr. Johnson, "fue el mayor ejemplo de pura felicidad moral que he conocido". No les estoy predicando una religión sombría. Solo les estoy diciendo que debe haber una nueva dirección, un rumbo nuevo. Debemos buscar al Señor. Contemplar su rostro quitará todos nuestros deseos carnales.

Entonces los hambrientos de corazón, los sedientos, los desilusionados, los desilusionados y los enfermos vendrán a nuestro camino. Vendrán por su propio gusto y sabrán por qué vienen. No vendrán porque alguien los invitó sino por Cristo Jesús. La iglesia comenzará a crecer. Crecerá en poder, en gracia, en número, en servicio, en prestigio y en influencia. Todos sabrán que es la iglesia que el Señor ha bendecido.

Como está escrito en Isaías 60, Dios dijo acerca de Jerusalén, en efecto: "Te voy a bendecir. Te voy a poner una corona y te voy a enviar mis bendiciones como palomas a su nido. Todo el que pase señalará y dirá: 'Esa es la ciudad que el Señor ha bendecido'". Eso es lo que quiero ver en nuestra iglesia. Debemos convertirnos en la clase de iglesia que el Señor bendice. Esta es la reforma que se necesita dentro del protestantismo.

Dios tiene la semilla de la supervivencia de la iglesia. Él tiene a su pueblo listo para decir: "Dios, queremos seguir el orden bíblico y tener el poder del Espíritu Santo. Queremos cumplir tu voluntad en la adoración, el testimonio y el trabajo. Estamos dispuestos a respaldar nuestros anhelos cargando la cruz y alineando nuestras vidas con tus deseos".

CAPÍTULO 14

LA VOZ DE LA FE

Pero ahora, así dice el Señor, el que te creó, Jacob, el que te formó, Israel: "No temas, que yo te he redimido; te he llamado por tu nombre; tú eres mío. Cuando cruces las aguas, yo estaré contigo; cuando cruces los ríos, no te cubrirán sus aguas; cuando camines por el fuego, no te quemarás ni te abrasarán las llamas. Yo soy el Señor, tu Dios, el Santo de Israel, tu Salvador; yo he entregado a Egipto como precio por tu rescate, a Cus y a Seba en tu lugar".

—Isaías 43:1-3

L o que Dios ha hecho alguna vez por alguien, lo hará por cualquier otra persona. Entendamos esto y evitemos idealizar las vidas de nuestros antepasados y embellecer las tumbas de quienes nos precedieron, imaginando que vivimos en un vacío sin la presencia de aquellos que han experimentado a Dios. Cualquier cosa que Dios haya hecho por alguien en fe, también lo hará por cualquier otra persona que cumpla con sus condiciones.

La voz de la incredulidad dice: "Sí, soy creyente. Creo en la Biblia. No me gustan esos modernistas, liberales, progresistas ni los científicos modernos que niegan la Biblia. No los apoyaría por nada del mundo. Creo en Dios y creo que él bendice". Es decir, él bendice en algún otro momento, en algún otro lugar y a algunas otras personas. Esos son los tres durmientes que detienen la obra de Dios. Somos creyentes y podemos citar el credo con aprobación. Lo creemos, pero creemos que Dios bendecirá a otras personas, en algún otro lugar, en algún otro momento, pero no ahora, no aquí ni a nosotros.

He aquí el problema: debemos tener fe en que Dios va a hacer algo por nosotros. La fe es la vitamina que hace digerible todo lo que tomamos de la Biblia y nos hace capaces de recibirlo y asimilarlo. Si no tenemos fe, no podemos obtener nada. Si permitimos que la lúgubre voz de la incredulidad nos susurre que Dios bendecirá en otro momento pero no ahora, en otro lugar pero no aquí, a otras personas pero no a nosotros, es mejor que apaguemos las luces porque nadie llegará a ninguna parte.

La voz de la fe, sin embargo, tiene otro mensaje para nosotros. La voz de la fe habla radiantemente, aunque con reverencia, y dice: "Todo lo que Dios prometió e hizo en cualquier momento y en cualquier lugar por cualquier persona, lo hará por nosotros aquí si cumplimos con sus condiciones". Esto es elemental. Cuando Dios habla, su mensaje tiene más de una aplicación. Si es verdad, lo es para cualquiera que lo crea en cualquier lugar, en cualquier momento. Dos por dos es igual a cuatro, ya sea en el 400 a. C. o en el 2023 d. C., sea en Rusia, en China o en Canadá. Dos por dos es igual a cuatro. Nadie puede evitar eso; cualquiera puede confiar que es cierto. Es un principio inmutable.

Cuando Dios habla y su poderosa voz resuena a través de los años, es porque le habla a su pueblo llamado Israel y a su pueblo llamado Cristiano. Nada ha sucedido que anule sus promesas. Debemos recordar eso. Nada en la historia invalida las promesas de Dios. Nada en la filosofía, nada que la ciencia haya descubierto jamás invalidará sus promesas. Ciertamente ha habido cambios sociales, la gente ve las cosas de manera diferente ahora que en otros tiempos. Sin embargo, nada cambia a Dios, ni a sus promesas, ni sus propósitos, ni sus intenciones con su pueblo, por lo que podemos tomar la Palabra de Dios y decir: "Esta es una Palabra viva". La primera oración del pasaje de las Escrituras declara: "Así dice el Señor". Muchas traducciones de la Biblia imprimen la palabra Señor en letras mayúsculas. Esto indica que la palabra hebrea usada es Jehová o Yahweh.

Al nombre *Yahweh* a veces se le llama Tetragrámaton. Un término tan sagrado que los antiguos judíos ni siquiera lo pronunciaban. Era el nombre que Dios le dijo a Moisés desde el fuego cuando indicó: "YO SOY EL QUE SOY" (Éxodo 3:14). Eso es lo que está hablando en este pasaje. ¿Puede él cumplir sus intenciones? Ciertamente puede.

Siete nombres con Jehová

En nuestros himnarios, devocionarios e importantes libros de teología hay siete nombres que Dios compuestos con el nombre Jehová.

Primero, *Jehová-jireh* significa "el Señor proveerá". Si el pueblo de Dios recordara esto: "Yo soy el que soy proveerá", diría: "Aquel que puso los cimientos de la tierra, que extendió los cielos arriba como una cortina y que mira a las naciones y las ve como polvo en la balanza, proveerá".

Segundo, *Jehová-rapha* significa "el Señor que te sana". Esta es la expresión que A. B. Simpson retomó y a la que le dio significado para que pudiera brillar nuevamente. "Yo soy el Señor que te sana". No vemos tanto ni escuchamos mucho sobre eso ahora. La doctrina de la sanidad divina se divide en dos clases: los que hacen un circo con ella, y las personas desanimadas que están tratando de creer y toman pastillas para vencer la enfermedad. En estos tiempos es muy poco lo que se sabe de *Jehová-rapha*, el Dios que sana.

Luego está *Jehová-nissi*, "Jehová nuestro estandarte"; *Jehová-shalom*, "Jehová nuestra paz"; *Jehová-ro'i*, "el Señor nuestro pastor"; *Jehová-tsidkenu*, "el Señor nuestra justicia"; y *Jehová-shammah*, "el Señor está presente aquí". Este es el Dios poderoso que está hablando y quiere comunicarse contigo.

Mucha comida chatarra

¿Sabes que te han alimentado con basura, y no con verdad, demasiadas veces? ¿Sabes que has sido traicionado y vendido en vez de ser alimentado con la Palabra viva de Dios en demasiados casos? Dios está tratando de comunicarse contigo en su Palabra y te dice: "Yo soy Jehová. Me estás mirando ahora. Aparta la mirada de otras personas. Mírame".

¿Quiénes son las personas a las que miramos? Pueden ser jóvenes y bien parecidos hoy, pero mañana serán viejos y con la voz quebrantada. Pero el gran Dios Todopoderoso no muere. "Yo soy Jehová; yo soy tu justicia; yo soy tu pastor; yo soy tu paz; soy tu estandarte de victoria; soy tu sanador; soy tu proveedor; Estoy presente en medio de ti". Este es Aquel con quien estás tratando. Si solo te atrevieras a levantarte, sacudieras la cabeza y dijeras: "Me atrevo a creer esto", encontrarías que las verdades de Dios empiezan a brillar como las estrellas. Tendrías vida donde no la hay, luz donde no exista la luz y alegría donde todo es triste.

¿Qué hizo Dios?

"Yo, yo soy el Señor, fuera de mí no hay ningún otro salvador. Yo he anunciado, salvado y proclamado; yo entre ustedes, y no un dios extraño. Ustedes son mis testigos —afirma el Señor—, y yo soy Dios. Desde los tiempos antiguos, yo soy. No hay quien pueda librar de mi mano. Lo que yo hago, nadie puede desbaratarlo". Así dice el Señor, su Redentor, el Santo de Israel: "Por ustedes enviaré gente a Babilonia; abatiré a todos como fugitivos. En los barcos que eran su orgullo, abatiré también a los caldeos. Yo soy el Señor, su santo; soy su rey, el creador de Israel". Así dice el Señor, el que abrió un camino en el mar, una senda a través de las aguas impetuosas; el que hizo salir carros de combate y caballos, ejército y guerrero al mismo tiempo, los cuales quedaron tendidos para nunca más levantarse, extinguidos como mecha que se apaga (Isaías 43:11-17).

El gran Dios Todopoderoso es el Dios de la historia. ¿Y qué hará él ahora?

¡Voy a hacer algo nuevo! Ya está sucediendo, ¿no se dan cuenta? Estoy abriendo un camino en el desierto, y ríos en lugares desolados. Me honran los animales salvajes, los chacales y los avestruces; yo hago brotar agua en el desierto, ríos en lugares desolados, para dar de beber a mi pueblo escogido (43:19-20).

Yo creo que Dios tiene unos elegidos y que quiere dar de beber a sus elegidos. Para traer esto a nuestra iglesia, necesitamos hacer algunas cosas. Una es repudiar la incredulidad. La iglesia evangélica promedio yace bajo una sombra de serena duda. La duda no es la incredulidad que argumenta en contra de las Escrituras, sino algo peor. Es la incredulidad crónica que no sabe lo que significa la fe.

Hay una diferencia entre el incrédulo que no cree en la Biblia, lo dice audazmente y argumenta en contra de ella, y el llamado cristiano que simplemente yace en estado de coma y no puede creer que es capaz de levantarse. Es como la diferencia que hay entre un hombre que ha tenido un accidente o se enferma repentinamente y el inválido crónico que nunca sabe lo que es estar del todo bien, pero que no está del todo muerto. El inválido siempre puede mostrar una sonrisa y tener buen pulso, pero su condición no es normal. Puede tratarse de una persona que no está del todo viva pero, gracias a Dios, tampoco está muerta.

La persona que choca contra el estribo de la carretera a noventa kilómetros por hora, aunque muera, todavía está caliente. Arrastra a esa persona y seguirá tibia, pero muerta. La muerte sucedió repentina y dramáticamente. De la misma manera, algo dramático y terrible le sucede a la persona que dice: "No creo en tu Biblia. Es una saga de viejas ideas. Está llena de historias de adulterio, homicidios y asesinatos. No creo en tu Biblia". Esa persona ha chocado contra algo duro y ha resultado herida.

Un estado de incredulidad crónica

Las iglesias, sin embargo, yacen en un estado de incredulidad crónica. No esperan que Dios haga nada y, naturalmente, no lo hace. En ocasiones, alguien se sumará a la iglesia si lo cortejamos, lo instamos y lo fastidiamos hasta lograrlo. Pero nos falta el aliento, la libertad, el brillo y el gozo del verdadero cristiano que cree en Dios.

La voz de la incredulidad surge de la psicología de la no expectativa. Este es nuestro problema en estos días: la psicología de la no expectativa. Así que nos sentamos para sostener una reunión corporativa. ¿Qué vamos a hacer para animarnos? ¿A quién podemos conseguir? ¿Dónde buscaremos? Olvidamos que todo el tiempo Jehová está presente. "Yo soy

Jehová-shammah; estoy en medio de ti. ¿Por qué no hablas conmigo?" No, no le preguntamos nada.

"Yo soy tu bandera de la victoria". Pero decimos: "Me pregunto cuánto costará". ¿Cuánto cuesta un avivamiento? Absolutamente nada y absolutamente todo, eso es lo que costará. No costará ni un centavo y costará todo lo que tenemos. No puedes importarlo con alguien que venga de Nueva Zelanda. ¿Cuántos de estos benditos predicadores han venido de Irlanda e Inglaterra? Hicieron algunas cosas importantes allí, escuchamos, así que los llevamos en avión y nunca llegaron a ninguna parte. Nunca vi ningún resultado al tratar de importar las cosas de Dios. Él no vuela en un jet. Él dice: "Yo soy Jehová; estoy contigo. Estoy donde tú estás. Estoy aquí ahora. Llámame".

"Pero no me has invocado", dice a continuación. "Pero tú, Jacob, no me has invocado; tú, Israel, te has cansado de mí" (Isaías 43:22). En otras palabras, estamos aburridos de Dios todopoderoso. Nos reímos de Pogo y de Dear Abby, pero nos aburrimos de Dios. "Estás cansado de mí; estás aburrido de mí". No dudo en decir que mucho de lo que sucede hoy en nombre del cristianismo es simplemente aburrimiento.

Dios dice: "¿Por qué no me llamas? Estoy aquí, listo para ayudarte. Yo haré estas cosas por ti". La voz de la incredulidad declara: "Las cosas serán como son. Sin lógica". Pero la voz de Jehová dice: "¡Voy a hacer algo nuevo! Ya está sucediendo, ¿no se dan cuenta? Estoy abriendo un camino en el desierto, y ríos en lugares desolados" (Isaías 43:19).

La incredulidad es completamente lógica y fiel a la naturaleza. Las personas de fe, sin embargo, tienen una lógica superior a la natural, una lógica que los incrédulos no pueden ver. Pero la incredulidad es completamente lógica. Sale el sol y también se pone. Llueve y nieva. Las estaciones se suceden. Los patos vuelan hacia el norte y luego hacia el sur. Los bebés nacen y los ancianos mueren. Las cosas van como van. "Como era en el principio, es ahora y será para siempre", ese es el único himno que conocemos. Las cosas serán como han sido, cantamos con incredulidad.

"He aquí, lo haré"

Pero la voz de Jehová dice: "He aquí, lo haré". Cuando presentas a Dios, sucede algo nuevo. "Aun haré un camino en el desierto." ¿Quién ha oído hablar de eso? "Y ríos en el desierto". ¿Quién ha oído hablar de eso? La incredulidad es lógica y fiel a la naturaleza porque la naturaleza está fijada en una rutina usual. Puedes esperar que la naturaleza continúe con esa rutina. Sin embargo, ahora entra otro factor. Dios introduce lo sobrenatural y dice: "Yo soy el que soy y siempre lo seré". Dios quiere hacer algo nuevo.

Continuamos siguiendo el curso de la naturaleza en la rutina establecida. No puedes esperar que nadie haga algo al respecto. Pero escucho otra voz que dice: "Yo soy el que soy". Desde que soy cristiano, he vivido para esa voz. He vivido para escuchar a Dios decir: "Yo soy el que soy. Tú no puedes, pero yo sí. Tú no lo eres, pero yo sí. Tú no eres capaz, pero yo soy capaz. No tienes sabiduría, pero yo soy Jehová y soy la sabiduría".

Nos acercamos a él a través de Jesucristo su Hijo. No olvides nunca que todo el poder de este gran Jehová con sus nombres gloriosos, terribles y asombrosos se canaliza a través de la persona de su Hijo, Jesucristo, a su pueblo. Jesús cavó un canal, por así decirlo, a través del poderoso océano que es Jehová, a fin de que todas las aguas dulces, las aguas curativas, las aguas que sacian el alma pudieran fluir hacia el pueblo del Señor si solo creyeran.

Dios no dice que esto sea nuevo para él. Nada es nuevo para Dios; simplemente es nuevo para nosotros. Cuando Dios nos dice: "Haré algo nuevo", ¿qué es? ¿Va a crear algo completamente nuevo como si estuviera creando una galaxia de la nada? No, él va a repetir para una nueva generación lo que hizo para la anterior. Él dice: "Yo lo haré por ti. ¿Por qué te preocupas? Lo haré por ti. Yo soy Dios. Soy Jehová. Yo soy tu justicia. Soy tu proveedor. Soy tu sanador. Soy tu estandarte de victoria. Soy tu pastor. Soy tu paz. Soy tu todo".

Si Dios es todo esto para nosotros, entonces no hay razón por la que alguien deba desanimarse en este tiempo. Si Dios pudo hacer un mundo de la nada, ¿por qué no puede hacer ahora lo que quiera para su pueblo? Dios nos invita a verlo obrar.

Dios lo hará de tal manera que nadie obtenga la gloria sino él solo. Dios va a recibir la gloria, pero no la va a compartir con nadie. "Yo soy Jehová, y mi gloria no la compartiré con otro". (Ver Isaías 49:11). Dios quiere hacer las cosas de manera que nadie pueda decir que alguien más lo hizo. Dios lo está haciendo porque quiere la gloria y debe tenerla por lo que él es. Por eso dice: "Yo lo haré". Necesitamos un Dios que pueda hacer cosas; necesitamos un Dios que pueda crear, y que nos invite a verlo crear.

No permitas que el pasado te paralice

No dejes que ninguna de las cosas del mundo o los errores del pasado paralicen tu corazón. Creo que hay cristianos que han permitido que algunos de sus errores pasados los paralicen. Una vez fuiste muy brillante y alegre en tu vida espiritual, pero cometiste un error trágico o te pasó algo. Saliste de eso de alguna manera, oraste y lloraste para superarlo. Pero te afectó. Los errores que te han hecho en el pasado, los fracasos anteriores, las ocasiones en que pensaste que ibas a ganar y no lo hiciste, o los pecados presentes o el desánimo: todas esas cosas no son mentales en absoluto. Son más profundas que eso; son subconscientes y te impiden creer.

Los exhorto con la mayor urgencia, y confío en Dios Todopoderoso que los libre; para sacar eso de tu espíritu; eliminarlo de tu corazón para que no seas perjudicado por la incredulidad. La gente sencilla del mundo puede creer en Dios de una manera que nosotros, que somos más sofisticados, tenemos dificultades para hacerlo. Por eso Dios tiene que empezar por la gente sencilla.

Jesús no pudo lograr que los fariseos lo siguieran, pero sí consiguió a unos pescadores y algunas personas sencillas. Consiguió a un recaudador de impuestos, pero no consiguió muchas personas importantes. Dios busca gente sencilla.

Si pudiéramos deshacernos de nuestra sofisticación, nuestro falso aprendizaje y la capa barata de incredulidad que nos cubre, podríamos escucharlo decir: "Yo soy el que soy, y estoy contigo. Estoy de tu lado. Mi Hijo murió por ti, ni el infierno puede sacarte de mis manos. Estás hecho para mi gloria. Yo te formé para mí, para que me alabes. Si crees, te daré aguas en el desierto y ríos en la soledad. Daré de beber a mi pueblo, a mis elegidos. Haré estas cosas por ti".

Aquí entra en escena un elemento sobrenatural. La naturaleza dice que algo no puede ser... y tiene razón. Pero Dios interviene y dice: "Yo soy el que soy, y eso puede ser". Y Dios tiene razón. No puedo vencer a mis enemigos, pero Dios dice: "Seré enemigo de tus enemigos y me opondré a quienes se te opongan" (Éxodo 23:22).

Si unimos nuestros corazones e intenciones y nos atrevemos a creer, veremos a Dios comenzar a moverse con gran fuerza y con gran poder. Veremos descender del cielo aquello que tan desesperadamente luchamos por traer desde otras partes. Veremos al gran Dios hacerlo y entonces no se dirá: "Este hombre lo hizo" o "Esa mujer lo hizo". Pero todos podremos decir juntos: "No será por la fuerza ni por ningún poder, sino por mi Espíritu —dice el Señor Todopoderoso" (Zacarías 4:6).

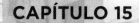

CAPÍTULO 15

LA GRAN PRUEBA: MODIFICAR LA VERDAD

H ay una gran decisión que toda denominación tiene que tomar en algún momento del desarrollo de su historia. Cada iglesia también tiene que hacerlo al principio o un poco más tarde, lo cual ocurre con frecuencia. A fin de cuentas, cada junta directiva enfrenta decisiones y tiene que seguir tomándolas. No tiene que hacer una gran decisión de una vez por todas. Sin embargo, es recomendable que tome una serie de pequeñas decisiones que se sumen a una gran decisión. Todo pastor tiene que afrontar eso y seguir renovando sus decisiones de rodillas ante Dios. Pero, en definitiva, cada miembro de la iglesia, cada evangelista, cada cristiano tiene que tomar una decisión. La que nos ocupa ahora es un asunto de juicio sobre esa denominación, esa iglesia, esa junta directiva, ese pastor, ese líder y sobre sus descendientes e hijos espirituales.

La pregunta es esta: ¿Modificaremos la verdad, en la doctrina o en la práctica, para ganar más seguidores? ¿O preservaremos la verdad, en la doctrina y la práctica, y asumiremos las consecuencias? Si optamos por modificar la verdad y la práctica de la iglesia, entonces somos responsables de las consecuencias, cualesquiera que sean. Dios ya sabe cuáles son esas consecuencias, y la historia ha demostrado cuales son. Pero si elegimos preservar la verdad, entonces Dios acepta la responsabilidad.

La gente de negocios tiene que tomar esa misma decisión en sus transacciones. Todo el mundo tiene que hacerlo en el momento de declarar sus impuestos sobre la renta. Los estudiantes tienen que hacerlo en la escuela. Tenemos que hacerlo en todas partes —toda nuestra vida— en la medida en que participemos en la sociedad. ¿Preservaremos la verdad y su práctica, o la modificaremos cómodamente para ser más populares, ganar más adeptos y llevarnos mejor en el mundo?

En realidad, tal cuestión nunca debería plantearse. Es como preguntar: "¿Debe un hombre ser fiel a su esposa?". Solo hay una respuesta a esa interrogante. Cuando preguntemos: "¿Preservaremos la verdad y la práctica de la iglesia, o la modificaremos para obtener resultados inmediatos y visibles?", debemos tener una sola respuesta. No es un asunto discutible y, sin embargo, siempre debe tratarse en el lugar secreto de oración. Constantemente se debate, por ejemplo, cuándo dictar una conferencia, cuándo reunir las juntas directivas y cuándo debe un pastor tomar una decisión.

El compromiso de preservar la verdad y su práctica en la iglesia es lo que me distingue de muchas personas que son quizás mucho más capacitadas que yo. Esta es mi convicción, sostenida por mucho tiempo y profundamente confirmada por el hecho de que las iglesias evangélicas modernas, casi sin excepción, han decidido modificar un poco la verdad y su práctica para tener más seguidores y convivir mejor con el mundo.

Cuando decidimos modificar la verdad, traemos sobre nosotros las consecuencias de esa elección. ¿Cuáles han sido esas consecuencias?

Uno de esos tristes efectos ha sido la ausencia de un verdadero espíritu de adoración en la iglesia. Mucha gente ni siquiera sabe lo que significa eso: un espíritu de adoración. Algo muy trágico. Quisiera que Dios cambiara un poco las cosas o me diera un vistazo de su gloria entre su pueblo. Admito que a veces me siento como el hombre de Dios que dijo:

> "¡Cómo quisiera tener las alas de una paloma
> y volar hasta encontrar reposo!
> Me iría muy lejos de aquí;
> me quedaría a vivir en el desierto. *Selah*".
> —Salmos 55:6-7

Muchos creyentes en el pueblo del Señor no saben lo que quiere decirse cuando se habla del espíritu de adoración en la iglesia. Son pobres víctimas de juntas directivas, iglesias, denominaciones y pastores que han tomado la noble decisión de modificar un poco la verdad y la práctica "para su beneficio". Pero Dios responde: "Si haces eso, quitaré de ti el espíritu de adoración. Quitaré tu candelabro".

La ausencia de deseo espiritual

Una segunda consecuencia es la ausencia de deseo espiritual. ¿Cuántas personas conoces que están ardiendo en deseos espirituales y añorando a Dios? ¿A cuántos les brotan las lágrimas ansiosas en los ojos cuando les hablas? ¡Cuántos dicen: "¡Oh, que pudiera conocer mejor a Dios!". Nuestros padres sentían anhelo espiritual, por lo que pasaban días con Dios.

Otro resultado es la frialdad del corazón, que es similar a la ausencia de deseo espiritual. Una vez que seas bautizado con el fuego del anhelo interior, nunca estarás satisfecho con la frialdad del corazón.

G. Campbell Morgan, el gran predicador inglés, fue a Gales para ver el avivamiento en esa región y luego regresó a la Capilla de Westminster. Lo que vio en Gales conmovió tanto al gran expositor que se levantó y sermoneó rotundamente a su audiencia. En efecto, dijo: "Ustedes son un grupo muy frío. Ni siquiera cantan cálidamente; ni siquiera eso lo hacen bien". Morgan había oído cantar a los galeses: solo entonaban salmos, nada más. En el desarrollo del servicio, un hombre se levantaba para predicar, mientras en la audiencia alguien empezaba a entonar un salmo y toda la congregación se unía al canto. El predicador, entonces se sentaba. Luego, espontáneamente, dos o tres personas se arrodillaban y se convertían, sin llamados al altar; sin llamamiento a arrepentirse, simplemente se convertían donde estaban. El fuego de Dios se derramaba sobre ellos por todas partes.

Cierta vez, un hombre se levantó de su asiento y dijo: "Tengo un sermón esta noche que consta de tres puntos clave". Sin embargo, antes de terminar de explicar el primer punto, el Espíritu Santo descendió sobre la audiencia. Una persona con una voz fuerte entonó un salmo y todos los demás comenzaron a cantarlo, silenciando al predicado, que se sentó sin poder terminar los otros dos puntos. Esas personas reflejaban un corazón sensible al Espíritu. Sin embargo, nosotros carecemos de eso porque hemos tomado la deshonrosa decisión de transigir un poco en cuanto a la verdad y su práctica.

Falta del espíritu de oración

Una cuarta consecuencia es la falta del espíritu de oración. Ningún niño nace hasta que ocurre parto. Cuando Evan Roberts, a quien Dios usó para iniciar el gran avivamiento galés, estaba en una reunión de oración, alguien le dijo: "Evan, no te pierdas nunca una reunión de oración, porque esa puede ser aquella en la que se derrame el Espíritu Santo". De modo que Evan nunca faltaba a una reunión de oración. Una noche, cuando estaba de rodillas, el Espíritu Santo cayó sobre él y comenzó a orar: "Oh Dios, quebrántame, humíllame, doblégame". Otro hombre estaba orando allí y Evan no quería interrumpirlo. Luego describió la experiencia: "Esperé a que el otro hombre terminara, pero parecía que nunca lo haría; oró una y otra vez. Finalmente, fue concluyendo hasta que dijo: 'Amén'". Evan comenzó a orar y aquel lugar se estremeció con su oración. A partir de entonces, empezó el avivamiento en Gales.

Ese es el espíritu de oración. Cuando este espíritu cae sobre las personas, Dios contesta su oración y suceden cosas. Cuando no tenemos el espíritu de oración en nosotros, simplemente murmuramos sin cesar. Pero cuando el espíritu de oración está sobre nosotros, el Espíritu que ora en nosotros al Dios que está sobre nosotros hará que las cosas ocurran a nuestro derredor.

No se siente la presencia de Dios

Una quinta consecuencia de modificar la verdad es que no se siente la presencia de Dios en la iglesia promedio. Me muevo bastante, pero no voy a muchos lugares en los que se sienta la presencia de Dios. En esos sitios casi no hay respuestas a la oración y escasean las manifestaciones divinas. Eso lleva a la consecuencia más mortífera de todas: la ausencia de santidad.

Hay unos pocos santos que están tan entregados a Dios que no podrías mantenerlos quietos. Siempre se les ocurre algo, por lo que sabes que han estado en la presencia del Señor. Viven su fe coherentemente. Todo lo que hacen es congruente con lo que testifican.

El espíritu de adoración debe estar sobre nosotros hasta que las lágrimas sean tan comunes como la nieve en el polo norte. Es la voluntad de Dios que tengamos un anhelo espiritual ardiente. Deberíamos pasarnos el tiempo cantando "Oh Jesús, Jesús, amadísimo Señor, perdóname si digo —por mucho amor— tu precioso nombre mil veces al día". No cantaríamos sin pensar en lo que decimos, no cantaríamos para que otros nos vieran, cantaríamos con un profundo sentido de adoración a Dios.

Dios no quiere que tengamos un corazón frío e indiferente. La diferencia entre la frialdad del corazón y la calidez del mismo es como la que existe cuando se está enamorado y cuando no se está enamorado. Cuando una persona ama profundamente, ya sea a alguien del sexo opuesto, a un bebé o a un niño, ese amor despierta sentimientos cálidos. A veces, el teléfono suena tarde en la noche y —si se trata de Becky, mi hija—, siento algo cálido por dentro. Sin embargo, recibo numerosas llamadas de personas por las que no siento nada parecido.

Por lo general, alguien quiere que yo haga algo por esa persona. Me gusta esa gente, pero no soy particularmente afectuoso. Esa es la diferencia entre la frialdad y la calidez del corazón.

Dios quiere que tengamos corazones cálidos, afectuosos, y que tengamos un espíritu de oración para que esta sea eficaz. La mayoría de las oraciones son como cuando uno hace girar la llave del auto —con la batería agotada— y el motor de arranque ni siquiera gime. Cierta vez, hice girar la llave durante veinte minutos diciendo: "Señor y Padre nuestro..." veintinueve veces, y todavía no sentía ni un zumbido. Dios no quiere que oremos así. Él quiere que haya un espíritu de oración sobre la gente. Y se puede tener ese espíritu de oración. Él desea responder tu oración y quiere que la sensación de su presencia esté sobre ti. Recuerda siempre una cosa: cuando el Espíritu del Señor viene, esa es la presencia, por lo que tienes su presencia. Dios sí desea manifestarse.

Nuestro afán por ser correctos, por no desviarnos nunca del orden y porque nunca suceda nada que muestre fanatismo continúa hasta que no pasa nada. No hay manifestación divina y, por lo tanto, hay ausencia de santidad. Sin embargo, Dios quiere que conozcamos su presencia y vivamos en santidad.

La propensión a seguir tendencias

¿Cómo llegamos a este aprieto en el que estamos? Bueno, los evangélicos suelen seguir una tendencia. Es peligroso seguir tendencias a menos que tengas los ojos abiertos y sepas hacia dónde van las mismas. En las últimas décadas del siglo antepasado comenzó una tendencia y continuó con algunos grandes nombres promoviéndola. En su celo por ganar conversos y adeptos, simplificaron demasiado la fe cristiana. Esa es la dificultad que enfrentamos hoy. La simplificamos tanto que no es nada simple. ¿Contradictorio, no? Simplificamos demasiado la verdad y, sin embargo, tenemos las creencias más complejas y confusas.

El cristiano promedio es como el gatito que encuentra un ovillo de lana y juega con él hasta que se enreda con la lana y llega a ser parte del ovillo. El felino no puede salir solo de su propio enrollo. Simplemente se acuesta, patalea y gime. Alguien tiene que venir a desenrollarlo. Nosotros, por otra parte, hemos intentado ser simples pero, en lugar de eso, nos hemos simplificado, no nos hemos vuelto simples. Somos sofisticados y excesivamente complejos. Eso es lo que hemos hecho. Hemos simplificado tanto el cristianismo que se reduce a esto: Dios es amor; Jesús murió por ti; cree, acéptalo, sé feliz, diviértete y cuéntaselo a los demás. Y ahí vamos, eso es el cristianismo en nuestros días. En lo referente a mí, no daría ni un centavo por todo eso. De vez en cuando Dios tiene una pobre oveja sangrante que se las arregla para sobrevivir a ese tipo de cosas y nos preguntamos cómo lo hace.

He viajado por el suroeste de Estados Unidos y he visto, en los campos, ganado tan flaco que podrías contar cada una de sus costillas si el tren no pasa demasiado rápido. Sobresalen entre los arbustos secos. Eso me hizo pensar en la condición humana. Y, en referencia a eso, una vez en la que iba en un tren rápido, me cuestionaba cómo vivirían los pobres. De una forma u otra se las tienen que arreglar para sobrevivir. Como el ganado que veía en mis travesías.

Encontrarás algunos miembros del pueblo de Dios aquí y allá, incluso en ese tipo de ambientes. Generaciones completas de cristianos han crecido creyendo que esa es la fe de nuestros padres, la que aún vive a pesar de las mazmorras, del fuego y de la espada. El diablo no se molesta tratando de matar a alguien por actuar así. No le afecta, lo único que el diablo odia es a alguien que lo persiga.

Cuando mi amigo Alan Redpath le estrechaba la mano a alguien para despedirse, sonreía y decía: "Bueno, hermano, sigue pateando al diablo". Al diablo no le importa si no eres una molestia para él, porque la mayoría de nosotros no lo somos. Él nos mira, sonríe y dice: "Ese pobre debilucho no puede hacerle daño a mi reino". Toda una generación ha pensado que eso es el cristianismo: la fe de nuestros padres, la que aún vive a pesar de las mazmorras, del fuego y de la espada. Nadie metió a gente así en un calabozo, porque ya están allí. Nacieron en eso. Nadie las arrojó a las llamas, porque son inofensivas.

Se necesita una reforma, un avivamiento que dé como resultado un nuevo énfasis en la verdad menospreciada. No, no estoy predicando ninguna verdad nueva. No tengo una nueva doctrina, y si alguien viniera aquí a predicar una nueva doctrina, le diría: "Lo siento, pero ya tenemos nuestra doctrina". Yo no permitiría a un predicador de ese tipo en el púlpito. No queremos doctrinas nuevas, queremos un nuevo énfasis en la doctrina ya conocida por todos.

Necesitamos un avivamiento que implique pureza de corazón

Debemos tener un avivamiento que se traduzca en pureza de corazón, que esa pureza sea algo común a todos. Debemos ser personas limpias, no solo por fuera. Los evangélicos promedio no fuman y, como no lo hacen, sienten que están sirviendo a Dios. Gracias a Dios que no fuman, ese es un comienzo hacia una vida limpia. Pero la pureza de corazón va más allá. Es mucho más que eso.

Muchos creen que la pureza de corazón es algo natural, pero no es así. Debemos tenerla para ser personas íntegras. Incluso yo, que no he vivido 500 años, puedo recordar bien que cuando las personas perdían los estribos, tenían que ir al altar y pedir perdón para ser limpias. La gente sabía que estaba mal y que no estaba bien con Dios. Se suponía que tenían un corazón puro. Sin embargo, necesitamos un avivamiento que haga surgir en nosotros la energía divina que empodere nuestro testimonio cristiano.

"Pero, cuando venga el Espíritu Santo sobre ustedes, recibirán poder y serán mis testigos" (Hechos 1:8). Es frustrante hablarle a la gente acerca del Señor y no llegar a ninguna parte, no tener ningún poder.

Además de convertirnos en personas con corazones limpios, debemos convertirnos en una comunidad en la que haya respuestas frecuentes a la oración, en la que haya llamado misionero y se promueva la predicación de la Palabra de Dios. Me gustaría ver a nuestros jóvenes sentir el llamado de Dios hasta que tengan que dejarnos y empezar a predicar. Me encantaría ver que el Espíritu de Dios se moviera sobre nosotros hasta que nuestros jóvenes no puedan darse el lujo de sentarse y decidir con quién se van a casar y cuándo. Eso llegará a su tiempo. Lo que necesitamos es que piensen "¿Dónde y en qué puedo servir a Dios?".

Cuando eso suceda sentirán, repentinamente, la mano de Dios sobre sus hombros y partirán al campo misionero, donde les espera una gran cosecha de almas. ¿Cuántos jóvenes así he visto? Muchos se me han acercado para decirme: "Siento que Dios tiene su mano sobre mí".

Un hombre que conocí durante la Segunda Guerra Mundial tenía un temperamento algo extraño. Nunca pensé que llegaría a mucho. Cuando se fue a la guerra, resultó herido y cayó por un precipicio. Iba directo a su muerte. En el trayecto dijo: "Me llaman a Etiopía". Mientras daba tumbos y se deslizaba lentamente hacia una muerte segura, se convenció de que había sido llamado a Etiopía. Un sargento viejo y fuerte lo vio desplomándose y lo agarró cuando casi se estrellaba contra el suelo. El hombre se recuperó. Regresó al pueblo después de la guerra, pero nadie lo quería; tenía poca educación. Sin embargo, una conocida sociedad misionera lo envió a Etiopía. Partió a ese país y allí predicó desde entonces.

Necesitamos un reavivamiento y una reforma

Creo que necesitamos desesperadamente un avivamiento y una reforma. En Éxodo el pueblo de Dios finalizaba 400 años de la derrota de Israel. Leí acerca de Ezequías, el hijo de un malvado padre —Acaz— que había llevado a Israel a la peor condición moral en mucho tiempo. Acaz murió y su hijo Ezequías lo sucedió. Sin embargo, Ezequías era un hombre santo; por lo que buscó a Dios inmediatamente. Sacó la impureza del templo y envió a decir por todo Israel: "Escúchenme! Purifíquense ustedes, y purifiquen también el templo del Señor". De modo que Israel comenzó a ser bendecido. Limpiaron el templo y encendieron de nuevo los fuegos. (Ver 2 Crónicas 29). Lo primero que supieron fue que estaban ante un avivamiento espiritual. También fue Ezequías el que oró cuando Senaquerib descendió como un lobo detrás de un potro con sus cohortes todas relucientes en púrpura y oro. Fue bajo Ezequías que el soplo del Señor hirió a esos miles y liberó a Jerusalén. (Ver 2 Crónicas 32:1-23).

Cuando los israelitas regresaron de Babilonia, Dios le habló a un hombre preocupado, que era copero del rey. Un hombre preocupado por su pueblo Israel. El rey le dijo: "¿Qué te pasa? Nunca te he visto tan triste". Nehemías respondió: "Su majestad, perdóneme por favor, pero no puedo evitarlo. Mi corazón está roto. La ciudad de mi padre está en escombros y los zorros corren sobre las murallas. El glorioso templo donde solíamos adorar a Jehová ha sido arrasado y la religión de Israel está en decadencia". El rey Artajerjes, sin saber que

Dios estaba obrando en su vida, dijo: "Regresa tú para que reconstruyas Jerusalén". Ese fue el comienzo del regreso del pueblo de Israel cautivo en Babilonia.

Desde tiempos bíblicos hemos tenido esos períodos de refrigerio de la presencia del Señor. Acabo de notar un comentario en un libro que estaba leyendo sobre este tema. El escritor dijo: "Dios agregó una posdata a eso". Es está: "El que tenga oídos, que oiga lo que el Espíritu dice a las iglesias. Al que salga vencedor le daré derecho a comer del árbol de la vida, que está en el paraíso de Dios" (Apocalipsis 2:7).

Todos tenemos una batalla privada en marcha, una pelea particular. Estás en medio de una generación mala y adúltera, pero tienes que vencer. El que venció indica que nosotros también podemos vencer, pero no todos lo logramos. Puedes vencer a tu propia carne que, por cierto, es el enemigo más fuerte. Puedes superar la tradición y la costumbre, que es lo segundo en la escala de dificultades. Puedes vencer todas las cosas. "Al que salga vencedor le daré derecho a comer del árbol de la vida, que está en el paraíso de Dios" (2:7).

El mundo está esperando escuchar una voz auténtica, una voz de Dios, no un eco de lo que otros hagan y digan, sino una voz genuina.

Te invitamos a que visites nuestra página web, donde podrás apreciar la pasión por la publicación de libros y Biblias:

www.casacreacion.com

Para vivir la Palabra